TAUCHEN & REISEN

Lawson und Lesley Wood

MALTA

Gozo und Comino

Delius Klasing
EDITION NAGLSCHMID

Umschlagfotos: *Das Europäische Seepferdchen (Hippocampus ramulosus)* hat einen Kamm, der vom Kopf bis zur Rückenflosse reicht. Einklinker: *Die Hauptattraktion von Comino ist die Blaue Lagune (Blue Lagoon).* Buchrücken: *Ein Weißer Kalkröhrenwurm (Protula tubularia) auf einer Wand unter Wasser.* Umschlagrückseite: *Ein Kleiner Roter Drachenkopf (Scorpaena notata) auf einem Flecken mit Sternkorallen.* Titelblatt: *Der Anker der Rozi (Malta, Nr. 23) ist inzwischen mit einer Kruste aus Schwämmen und Algen überzogen.* Inhaltsseite: *Ein Felsenriff vor Cirkewwa auf Malta mit einer Unzahl kleiner Mönchsfische und farbenprächtiger Seesterne.* Vorwort: *Hoch über dem zentralen Malta thront die alte befestigte Stadt Mdina.*

Bildnachweis: Alle Fotos stammen von Lawson und Lesley Wood mit Ausnahme der folgenden: Natural History Museum, Malta (S. 42); Jeff Rotman/BBC Natural History Unit (S. 43).

Titel der englischen Originalausgabe:
THE DIVE SITES OF MALTA, COMINO AND GOZO
veröffentlicht bei New Holland Publishers (UK) Ltd., London

Die Deutsche Bibliothek – CIP-Einheitsaufnahme

Wood, Lawson:
Malta, Gozo und Comino/Lawson und Lesley Wood. [Aus dem Engl. von Wolfgang Rhiel. Dt. Bearb.: Friedrich Naglschmid]. - 1. Aufl. - Bielefeld: Delius Klasing; [Stuttgart]: Edition Naglschmid, 2000 (Tauchen & Reisen)
Einheitssacht.: The dive sites of Malta, Comino and Gozo <dt.>
ISBN 3-7688-1208-1

1. Auflage
ISBN 3-7688-1208-1

Aus dem Englischen von Wolfgang Rhiel
Deutsche Bearbeitung: Dr. Friedrich Naglschmid
Printed in Singapur 2000

Delius Klasing Verlag, Siekerwall 21, D-33602 Bielefeld
Tel.: 0521/559-0, Fax: 0521/559-113
e-mail: info@delius-klasing.de
http://www.delius-klasing.de

Danksagung des Autors

Dieses Buch ist mit Hilfe des Malta Tourist Office auf Malta und in Großbritannien ermöglicht worden, die das Projekt von Anfang an gefördert haben. Ihr Professionalismus und Einsatz wird dankend anerkannt, wobei ein besonderer Dank Naala Buckland für die ausgezeichnete Organisation gilt, ferner Valerie Carre, Alexandra Valletta, Jeffrey Cutajar sowie Major Alfred Cassar Reynaud.

Ein großes Dankeschön geht an: Karmenu Vella, Minister für Tourismus; die Universität Malta; Bet Bithrey, eine gute Freundin, die sehr viel mehr gibt als nimmt; Air Malta; Joe Vella Gaffiero, Direktor des Natural History Museum; Anthony Rogers; Simon und Hermine Sammut; Doris Cusens, eine außergewöhnliche maltesische Führerin, die uns das andere Malta gezeigt hat, und ihren Mann Tom, der uns bei Übersetzungen behilflich war; Andy Probert, Paul Brewer, Dolores und Aquaventure Ltd.; Mark Busuttil, einen guten Freund, sowie Diana und St. Andrew's Divers Cove; Melovan Galea von Meldives Malta; Mike und Agnes Upton sowie das Maltaqua Diving Centre; Tony Lautier und Tony's Dive Services, Comino; Joseph Messina und Joseph Saliba vom Comino Hotel; Ian Hulland und die Sharks, Malta BSAC Branch 1818; Kim Harrison, eine hervorragende Videofilmerin und Informationsquelle; Victor J. Borg, der mit seiner Tochter Monica für unsere Unterkunft in den Hotels Ta' Cenc, Cornucopia und St. Patrick's auf Comino gesorgt hat (ein ganz besonderer Dank); John Cutajar vom Ta' Cenc; George Zammit Briffa, Geschäftsführer bei Captain Morgan Cruises, für den Flug mit dem Hubschrauber; Gozo Channel Company für die Fahrten mit der Fähre; Westminster Car Hire für Mietwagen; Grand Hotel Mercure Selmun Palace; Eden Beach Hotel; Suncrest Hotel und Gillieru Harbour Hotel.

Danksagung des Verlages

Der Verlag bedankt sich herzlich für die großzügige Hilfe bei der Zusammenstellung dieses Buches bei: Nick Hanna für sein Engagement bei der Entwicklung der Serie und die ständige Beratung sowie Dr. Elizabeth M. Wood für ihre Arbeit als beratende Meeresbiologin und ihren Beitrag zu „Der Lebensraum Meer“.

Fotografie

Die Aufnahmen des Autors wurden mit der Nikonos V, Nikon F-801 und der Nikon F-90 gemacht. Bei der Nikonos wurde mit Objektiven der Brennweite 35 mm, 15 mm und 12 mm gearbeitet. Die Objektive der Nikon-Kameras mit Gehäuse hatten 14 mm, 60 mm, 105 mm, 20-40 mm, 28-200 mm und 70-300 mm Brennweite. Die Gehäuse waren von Subal, Österreich, und Sea & Sea, Japan.

Bei sämtlichen UW-Fotos wurde mit Blitzlicht gearbeitet; die Blitzgeräte hat Sea & Sea Ltd., Paignton, Devon, Großbritannien und Japan zur Verfügung gestellt. Es waren die Geräte YS30 Duo, YS50, YS120 Duo und YS300. An Land wurde mit Nikon SB24 und SB26 fotografiert. Die Filme waren Fujichrome Velvia und Fujichrome Provia, zur Verfügung gestellt von KJP aus Edinburgh sowie von Fuji. Die Filmentwicklung besorgte Eastern Photo Colour aus Edinburgh.

INHALTSVERZEICHNIS

Vorwort

Angenehme Wassertemperaturen, hervorragende Sicht und ein zu Recht bestehender Ruf für Professionalität und Sicherheit haben mit dazu beigetragen, Malta, Comino und Gozo zu einem wahren Mekka für Tauchbegeisterte zu machen. Unsere Inseln waren im letzten Jahrzehnt in diesem Bereich ungewöhnlich erfolgreich, sodass Malta heute über 40.000 Taucher jährlich begrüßen kann.
Mit den Geheimnissen der Tiefe im Wettstreit liegen Maltas herrliche Denkmäler und Schauplätze. Die Höhepunkte einer siebentausendjährigen Kultur und unzählige Freizeitangebote lassen dem Taucher, der Malta besucht, die Qual der Wahl.

Ich darf Sie im Namen der Menschen und der Regierung von Malta einladen, unsere Inseln zu besuchen, um selbst die vielen Wunder zu betrachten, die sie das ganze Jahr hindurch bieten.

M. A. Refalo
Minister für Tourismus, Malta

Zum Gebrauch dieses Buches

Die Regionen

Die in diesem Buch besprochenen Tauchgebiete umfassen die drei Inseln Malta, Comino und Gozo. In regionalen Einführungen werden die wichtigsten Besonderheiten und Merkmale dieser Inseln beschrieben und Hintergrundinformationen zum Klima, der Umwelt, Sehenswürdigkeiten sowie Plus- und Minuspunkten beim Tauchen im jeweiligen Gebiet geliefert.

Die Karten

Am Beginn der regionalen Kapitel befindet sich Landkarten, die die Lage der beschriebenen Tauchgebiete bestimmen sowie den Tauchern und Schnorchlern nützliche Informationen bieten sollen. Es sind zwar einige Riffe verzeichnet, die Karten liefern jedoch keine detaillierten nautischen Informationen wie genauen Riffverlauf oder Wassertiefen. Grundsätzlich verzeichnen die Karten: die Lage der Tauchgebiete, gekennzeichnet durch weiße Zahlen in roten Kästchen, die den Zahlen am Beginn der Beschreibung der einzelnen Tauchgebiete entsprechen; die Lage wichtiger Zugangspunkte zu den Gebieten (Häfen, Feriendörfer etc.); Riffe und Wracks. Jede Beschreibung nennt Einzelheiten zum Zugang des Tauchgebietes. (Wichtig: Der Kartenrand ist kein Maßstabsgitter.)

Zeichenerklärung

Land	Flughafen	1 Tauchgebiet	Leuchtturm	▲ Sehenswürdigkeit	
Berge	Weg	Parkverwaltung	Straße	Wrack	Mole

Beschreibung der Tauchgebiete

Im Rahmen der geographischen Kapitel werden die wichtigsten Tauchgebiete jeder Region beschrieben. Jede Gebietsbeschreibung beginnt mit einer Nummer (um die Lage auf der Karte feststellen zu können), einer Bewertung nach Sternen sowie verschiedenen Schlüsselsymbolen (vgl. gegenüberliegende Seite).

Der Beschreibung des Tauchgebiets, seines Meereslebens und besonders interessierender Punkte voran gehen wichtige praktische Details wie Lage, Zugang, Bedingungen, übliche Sicht sowie minimale und maximale Tiefe. Bei diesen Angaben bedeutet „übliche Sicht“ gute Bedingungen.

DIE BEWERTUNG NACH STERNEN

Jedes Gebiet wird nach Sternen bewertet, maximal fünf rote Sterne für das Tauchen und fünf blaue Sterne für das Schnorcheln.

Tauchen

★★★★★ **Erstklassig**
★★★★ **Sehr zu empfehlen**
★★★ **Gut**
★★ **Durchschnittlich**
★ **Mäßig**

Schnorcheln

★★★★★ **Erstklassig**
★★★★ **Sehr zu empfehlen**
★★★ **Gut**
★★ **Durchschnittlich**
★ **Mäßig**

DIE SYMBOLE

Die Symbole am Anfang jeder Gebietsbeschreibung bieten einen raschen Zugang zu wichtigen Informationen über einzelne Gebiete.

Zum Tauchen geeignet

Mit Boot vom Ort zu erreichen

Mit hochseetüchtigem Boot zu erreichen

Küstentauchen

Zum Schnorcheln geeignet

Alle Schwierigkeitsgrade für Taucher

REGIONALE ADRESSEN

Am Ende jedes regionalen Kapitels stehen regionale Adressen, mit deren Hilfe Sie planen und das Beste aus Ihrem Aufenthalt machen können. Hier finden Sie praktische Tips für die Anreise, wo man absteigen und essen kann sowie Angaben über Tauchsporteinrichtungen. Auch lokale Sehenswürdigkeiten für Nichttaucher werden genannt, dazu Anregungen für Ausflüge.

SONSTIGE BESONDERHEITEN

Am Beginn des Buches finden Sie praktische Details und Hinweise über die Anreise und das Reisen in der jeweiligen Region, dazu eine allgemeine Einführung für Malta, Comino und Gozo sowie reichlich Informationen über die allgemeinen Tauchbedingungen des Gebiets. Das Buch enthält Beiträge und farbige Kästen mit interessanten Fakten für Taucher und Schnorchler. Am Ende des Buches finden sich Kapitel über die maritime Umwelt (auch über Meeresleben, Naturschutz und Verhaltensregeln), Unterwasserfotografie und Video. Dort gibt es auch Gesundheits- und Sicherheitstips sowie Erste-Hilfe-Hinweise, ferner einen Führer über Meerestiere, nach denen man beim Tauchen vor den Maltesischen Inseln Ausschau halten sollte.

MALTA, COMINO UND GOZO – EINE EINFÜHRUNG

Der maltesische Archipel, eine Kette aus zerklüfteten Inseln im blau funkelnden Mittelmeer, liegt 93 Kilometer südlich von Sizilien und 288 Kilometer von der Küste Nordafrikas entfernt. Der Einfachheit halber ist zwar meistens immer nur von Malta die Rede, doch die Republik Malta besteht aus drei bewohnten Inseln (Malta, Comino und Gozo) sowie mehreren kleineren unbewohnten Inseln, von denen vor allem Cominotto, Filfla und St. Paul's zu nennen wären.

Malta mit 246 Quadratkilometern Fläche und 136 Kilometern Küste ist die Hauptinsel. Gozo ist nur gut ein Viertel so groß, und das unwirtlich erscheinende Comino – ein ausgewiesenes Naturschutzgebiet – ist vergleichsweise winzig. Die Inselgruppe besteht größtenteils aus einer Hochfläche aus Kalkstein und einer Küste aus Eisenstein sowie einigen flachen Hügeln. Jahrhundertelang haben die Bauern das trockene Land bebaut, indem sie von Trockenmauern eingefasste Terrassen anlegten, die auch heute noch in großer Zahl die Inseln überziehen. Gozo ist dank einer wasserundurchlässigen Schicht aus Blauton die fruchtbarste der Inseln und liefert einen Großteil vom Obst und Gemüse des Landes.

Dank der strategischen Lage fast im Zentrum des Mittelmeers haben die Inseln seit Jahrhunderten Siedler und Invasoren angelockt, die ihrerseits eine Fülle geschichtsträchtiger Stätten hinterlassen haben, die die Besucher heute erkunden können. Großartige Ruinen, die vermutlich aus der Zeit vor den Pyramiden stammen, prachtvolle Kirchen und Kathedralen sowie eindrucksvolle Türme und Festungen gehören zu den zahlreichen Sehenswürdigkeiten an Land.

Die wunderschöne Hauptstadt Valletta thront über einem beeindruckenden Netz aus Häfen und kleinen Buchten im Norden Maltas. Im Innern der Insel erhebt sich die ehemalige mittelalterliche Stadt Mdina malerisch über der maltesischen Landschaft. Gozo wird von einer Zitadelle in Victoria beherrscht, und Comino ist durch die Blaue Lagune bekannt, den Hafen für die Bootstouristen von der Hauptinsel. Überall finden immer wieder Festivals statt, häufig mit prächtigem Feuerwerk, und auf Gozo und Malta wird noch ausgiebig heimisches Handwerk praktiziert, vor allem Klöppelarbeiten.

Links: *Unter den vielen Schiffen im Hafen von Kalkara bei Valletta sind auch diese Fischerboote oder* luzzu.
Oben: *Ein Bauer von Gozo auf seinem mit improvisatorischem Geschick betriebenen Gefährt.*

GOZO
NORDGOZO
XWIENI BAY
RAMLA BAY
OSTGOZO
SÜDWESTGOZO
COMINO
MARFA RIDGE
San Dimitri Point
Zebbug
Marsalforn
Gharb
Birbuba
Xaghra
Nadur
Qala
Qala Point
Dwejra Point
San Lawrenz
Victoria
Mgarr
Xewkija
Wardija Point
Xlendi
XLENDI BAY
NÖRDL. COMINO-KANAL
SÜDL. COMINO-KANAL
Ahrax Point
Marfa Point (Cirkewwa)
MELLIE BAY
Qammieh Point
Biskra
Melli
Ghajn Tuffieha
Mga
Ras il Pellegrin
Gnejna Valle
Ras ir-Raheb
Bahrija Valley
Ras id-Dawwa
0
5 Kilometer
0
3 Meilen
N
Frankreich
Ungarn
Spanien
Korsika
Italien
Bulgarien
Sardinien
Griechenland
Algerien
Sizilien
Tunesien
MALTA
Kreta
MITTELMEER
Libyen

MALTA, COMINO UND GOZO
MITTELMEER
NORDMALTA
MALTA
GEBIET VALLETTA
SÜDMALTA
ST PAUL'S BAY
Qawra Point
Qrejten Point
Bahar ic-Caghag
Dragonara Point
Bugibba
Bur Marrad
Wied il-Faham
St Julian's
Wied il Ghasel
Wied Ghomor
Sliema
Ghajn Rihana Valley
Naxxar
St Elmo Point
VALLETTA
GRAND HARBOUR
Ras il-Gebel
Zebbiegh
Mosta
Msida
Birkirkara
Vittoriosa
Ta'l Isperanza Valley
Qlejgha Valley
Hamrun
Zabbar
Zonqor Point
Chadwick Lakes
Wied is-Sweda
Marsascala
Il-Gzira
Mtarfa
Wied il-Hemsija
Qormi
Fgura
Ghammieri
Wied Liemu
Zebbug
Zejtun
Il-Munxar
Mdina (Rabat)
Wied Qirda
Luqa
Wied Ta 'l-Isqof
Wied Baqqija
Ghaxaq
Wied Hanzir
Marsaxlokk
Wied Dalam
Siggiewi
Wied il-Luq
Wied Has Sabtan
Dingli
Birzebbuga
Girgenti Valley
Wied Xkora
MARSAXLOKK BAY
Delimara Point
Wied il-Qoton
Qrendi
Zurrieq
Kalafrana
Tal-Bajjada
Il-Kullana
Benghajsa Point
Ras Hamrija
Il-Minkba

DIE MALTESERRITTER

Die Ritter des Johanniterordens waren Mitglieder eines mächtigen Ritterordens mit langer Geschichte. Zunächst als eine Gruppe von Mönchen in Jerusalem gegründet, weitete der Orden seine Tätigkeiten allmählich bis zur Begleitung der christlichen Jerusalem-Pilger aus und wurde später ein Ritterorden. Nach ihrer Vertreibung von Rhodos durch die Türken überließ Karl V. den Rittern 1530 die Insel Malta. Der Orden siedelte sich in Birgu an und baute Fort St. Angelo am Eingang der Dockyard Creek, wo die Rudergaleeren lagen. Nach der großen Belagerung zogen die Ritter auf die andere Seite des Grand Harbour und errichteten dort die Festungsstadt Valletta.

GESCHICHTE

Die Inseln, die sich vor etwa 10.000 bis 12.000 Jahren vom europäischen und afrikanischen Festland entfernten, wurden erstmals um 5000 v.Chr. von jungsteinzeitlichen Volksgruppen aus Sizilien besiedelt. Diese frühen Siedler errichteten herrliche Bauten wie den Ggantija-Tempel, der zwischen 3600 und 3200 v.Chr. entstand, und die eindrucksvollen Tarxien-Tempel auf Malta.

Im 9. vorchristlichen Jahrhundert tauchten phönizische Händler auf, die die Inseln als Zwischenstation auf ihren ausgedehnten Handelsfahrten im westlichen Mittelmeer und in den Atlantik benutzten. Sie gründeten Niederlassungen am Grand Harbour und in Birgu (dem heutigen Vittoriosa) und gaben den Inseln den Namen *Maletha*, „ein Zufluchtsort“ oder „sicherer Hafen“, woraus sich der Name Malta entwickelte. Als der phönizische Einfluss nachließ, machten sich die Römer und ein mächtiges karthagisches Reich im Süden die strategisch wertvoll liegenden Inseln streitig. Karthago wurde 218 v.Chr. im Zweiten Punischen Krieg ausgeschaltet, und die Inseln erlebten unter der anschließenden römischen Herrschaft sechs Jahrhunderte lang Frieden und Wohlstand und wurden für den Export von Honig und Tuch berühmt. Im Jahr 60 n.Chr. erlitt der heilige Paulus auf der Fahrt zu seinem Prozess in Rom vor Malta Schiffbruch und bekehrte viele Inselbewohner zum Christentum.

Nach dem Zusammenbruch Roms im 4. Jahrhundert n.Chr. gelangte Malta unter die Herrschaft der Byzantiner. Von der islamischen Woge, die im 7. Jahrhundert über Nordafrika nach Westen drang, blieben die Inseln relativ unberührt, wurden aber 870 von den Arabern eingenommen. Viele Malteser traten zum Islam über, und arabische Elemente wurden in die Sprache aufgenommen, die phönizische und lateinische Wurzeln hat. 1090 endete die arabische Herrschaft jedoch, als die Inseln von Graf Roger dem Normannen für Sizilien annektiert wurden, wodurch das Christentum zurückkehrte. Danach gelangte die Herrschaft über verschiedene fremde Regenten an das spanische Aragon. Stabilität kehrte jedoch erst ein, als Karl V., römisch-deutscher Kaiser und König von Sizilien und Spanien, den Rittern des Johanniterordens 1530 die Insel Malta überließ.

Die Ggantija-Tempel auf Gozo wurden um 3600 v. Chr. erbaut.

Farbenprächtiger Aufmarsch in der Zitadelle von Victoria, der Hauptstadt von Gozo.

Im Mai 1565 belagerte eine gewaltige türkische Kriegsflotte mit 181 Schiffen und 35.000 Mann die Inseln, die von den Türken als Bedrohung ihrer territorialen Gebietsansprüche in Südeuropa betrachtet wurden. Ziel des ersten Angriffs war die Festung St. Elmo, die dem Gegner nach einmonatigem pausenlosem Beschuss erlag, wenngleich bei verheerenden Verlusten auf beiden Seiten. Danach bestürmten die Türken mehrere Monate in der sogenannten Großen Belagerung die Festungen St. Angelo und St. Michael, bis schließlich von Sizilien eine Entlastungsstreitmacht kam und die Türken vertrieben wurden.

Nach der Großen Belagerung bauten die Ritter vom Johanniterorden Kirchen und Verteidigungsanlagen zum Zeichen für Maltas wachsenden Wohlstand, doch um die Mitte des 18. Jahrhunderts gerieten die Ritter in Verruf und mussten sich 1798 Napoleon ergeben, fast ohne dass ein Schuss gefallen war. Die Franzosen kapitulierten ihrerseits 1800 vor den Briten, und die britische Herrschaft über die Insel wurde 1814 im Vertrag von Paris bestätigt. Im Ersten Weltkrieg wurde Malta ein „Inselhospital" mit 25.000 Betten für Soldaten, die bei den Dardanellen verwundet wurden.

Das Georgskreuz

„Zu Ehren des tapferen Volkes verleihe ich der Inselfestung Malta das Georgskreuz in Würdigung eines Heldentums und einer Hingabe, die man in der Geschichte lange rühmen wird." König Georg VI. Im April 1942, nach 157 Tagen ununterbrochenem Bombardement (gegenüber nur 57 Tagen deutscher Luftangriffe auf London), war die Moral der Malteser auf einem Tiefpunkt angelangt. Allein im Januar und Februar hatte Malta 499mal Luftalarm erlebt, und in sechs Wochen im März und April gingen 6.700 Tonnen Bomben nieder. In Anerkennung der heldenhaften Stärke der Inselbewohner verlieh König Georg VI. Malta das Georgskreuz.

Bei Ausbruch des Zweiten Weltkriegs war Malta Großbritanniens wichtigster Marinestützpunkt, der die Nachschubverbindungen über das Mittelmeer schützte. Seine Bedeutung wurde ersichtlich, als die Deutschen am 11. Juni 1940 den ersten Luftangriff auf die Marinewerften flogen. Malta besaß nur eine schwache Luftabwehr, und die Inselbewohner erlitten während des Krieges unsägliches Leid, unter anderem schwere Rationierungen und fast ununterbrochenes Bombardement.

Die britische Regierung spendete später 30 Millionen Pfund als Ausgleich für die Schäden und zum Wiederaufbau der Wirtschaft. 1947 wurde eine neue Verfassung eingeführt, und bei der Wahl von 1962 traten unter anderem zwei große Parteien an, die Labour Party und die Nationalist Party, die beide die Unabhängigkeit auf ihre Fahnen geschrieben hatten. Am 21. September 1964 wurde Malta unabhängig. Die britischen Bande wurden endgültig 1979 gelöst, als die britischen Streitkräfte abzogen. Malta will Mitglied der Europäischen Union werden.

Der Schiffbau spielt für die heutige Wirtschaft eine bedeutende Rolle, und die maltesischen Werften bieten mit Erfolg Dienstleistungen und Reparaturen für die Tanker und Containerschiffe an, die das Mittelmeer befahren. Inzwischen ist jedoch der Tourismus Maltas wichtigster Wirtschaftszweig, der 30 Prozent der Bruttovolkseinkommens erbringt. Von den eine Million Touristen jährlich kommen 39 Prozent aus Großbritannien, 17 Prozent aus Deutschland, das damit die zweitgrößte Gruppe stellt.

Die Menschen und ihre Kultur

Die Malteser sind von Hause aus arbeitsame und widerstandsfähige Menschen, die die friedlichen Besucher von heute gerne bei sich begrüßen – Touristen, Taucher und Sonnenhungrige aus der ganzen Welt. Während das Leben auf Malta oft etwas hektisch ist, lässt man es auf Gozo ruhiger angehen. Die Bewohner von Gozo haben sich eine eigene Identität bewahrt – wobei sie sich auf den Namen beziehen, den die Insel im 9. Jahrhundert trug, „Ghawdex" – und sehen sich erst in zweiter Linie als Malteser. Aber die Bewohner von Malta wie auch von Gozo genießen ihre Mußestunden und sind an den Wochenenden gern am Strand.

Die Einstellung zur Kleidung ist konventionell, und Malta ist ein Land mit festen sozialen Überlieferungen. Die Familie hat bei den Maltesern einen bevorzugten Rang; die Familien sind häufig groß und halten engen Kontakt. Die Inselbewohner, strenge Katholiken, haben 357 Kirchen, auf die man überall stößt, insbesondere auf Gozo, wo sie den Horizont beherrschen. Die Häuser haben im allgemeinen wenig Fenster, und im Innern schützen Marmorböden und dicke Steinmauern vor der Hitze. Die meisten Häuser sind aus Globigerinenkalk, der auf den Inseln abgebaut wird und sich durch verschiedene rosa Tönungen auszeichnet. Viele der älteren Häuser, aber auch einige neuere, haben Balkone mit herrlichen Steinmetzarbeiten, die der Stolz der ganzen Familie sind.

Frankreich
Office du Tourisme de Malte, 9 Cité de Trevise, 75009 Paris, Tel. (1) 48 00 03 79, Fax (1) 48 00 04 41.

Deutschland
Fremdenverkehrsamt Malta, Schillerstraße 30-40, D-60313 Frankfurt am Main, Tel. 069/285890, Fax 069/285479.

Italien
Ente Nazionale per il Turismo di Malta, Via Gonzaga 7, 20123 Milano, Tel. (2) 867376, Fax (2) 874687.

Niederlande
National Verkeersbureau Malta, Geelvinck Gebouw 4e, Singel 540, 1017 AZ Amsterdam, Tel. (20) 6207223, Fax (20) 6207233.

Großbritannien
Malta Tourist Office, Malta House, 36-38 Piccadilly, London W1V OPP, Tel. (0171) 292 4900, Fax (0171) 734 1880.

USA und Kanada
Malta National Tourist Office, Empire State Building, 350 Fifth Avenue, Suite 4412, New York 10118, Tel. (212) 695 9520, Fax (212) 695 8229.

Sprache

Die Hauptsprache auf den Inseln ist Maltesisch, dessen Ursprünge in einer semitischen Sprache liegen, die von den Phöniziern gesprochen wurde, sich in zwei Jahrtausenden arabischer und europäischer Herrschaft entwickelt hat und griechische, italienische, französische und spanische Einflüsse aufweist. Englisch ist die zweite, häufig gebrauchte Sprache, zuweilen wird aber auch

Französisch, Deutsch und Italienisch gesprochen. Straßen und Plätze sind normalerweise zweisprachig ausgeschildert.

Auf dieser Seite sind einige wichtige Wörter und Ausdrücke genannt. Selbst ein noch so mangelhafter Versuch, die Sprache zu sprechen, wird von den Maltesern sehr geschätzt. In diesem Buch finden Sie meeresbiologische maltesische Namen in eckigen Klammern.

Grundwortschatz

Guten Morgen	Bongu
Guten Abend	Bonswa
Auf Wiedersehen	Sahha
Ja	va
Nein	Le
Bitte	Jek joghgbok
Danke	Grazzi
Entschuldigung	Skuzi
Prost	Aviva!

Klima

Malta hat ein beneidenswertes Klima. Die Inseln liegen südlicher als einige Teile der nordafrikanischen Küste, und man kann mit hohen Temperaturen von gelegentlich über 30 °C rechnen. Von Mai/Juni bis Ende September liegen die Höchsttemperaturen zwischen 29 °C und 33 °C. In den Sommermonaten ist Schutz vor der Sonne (vor allem am Strand oder Wasser) dringend zu empfehlen.

Von Oktober bis März liegen die Temperaturen zwischen 17 °C und 28 °C. Im Frühjahr (März/April) erwärmt es sich wieder bei Mindesttemperaturen von 9–11 °C und Höchsttemperaturen von 20–22 °C.

Die Kraft der Sonne wird oft durch eine Brise vom Meer überdeckt, vor allem durch Nordwestwinde, die hier *Majjistral* heißen und gegen Ende des Jahres am stärksten wehen. Der trockenheiße *Sirocco* bläst im Mai und September von der Sahara herüber und rauht das Meer an den Südküsten auf (in dieser Zeit wird nur an den Nordküsten getaucht). Ab dem Spätsommer weht aus Nordosten der *Grigal*, und der nördliche *Tramuntana* ist gelegentlich für Winterstürme verantwortlich.

Im Juni, Juli und August liegt hoher Luftdruck über den Inseln, und es gibt praktisch keine Niederschläge. Die ersten winterlichen Regenfälle kommen im Oktober oder November; der Dezember ist normalerweise der feuchteste Monat.

Der mit bunten Booten gesäumte Hafen von Mgarr ist Standort des Fährterminals auf Gozo.

HORNBLOWER
CALYPSO

ANREISE UND REISEN AUF DEN MALTESISCHEN INSELN

Die maltesische Inselgruppe verzeichnet jährlich über eine Million Touristen, von denen die meisten mit dem Flugzeug auf dem internationalen Flughafen 10 Kilometer südwestlich der Hauptstadt Valletta landen. Über 85 Prozent der Besucher kommen aus Europa. Die Flugzeit von den größeren europäischen Flughäfen wie London, Rom und Frankfurt beträgt etwa drei Stunden. Die nationale Fluggesellschaft ist **Air Malta**, aber Lufthansa, Swissair, Alitalia, British Airways, Aeroflot, Balkan Airways, Transavia, Emirates und Tuninter fliegen Malta regelmäßig an. Das Hauptbüro der Air Malta befindet sich in der 285 Republic Street, Valletta, Tel. (356) 234397.

Gozo ist von Malta aus mit dem Hubschrauber oder der Fähre zu erreichen. Der Heliport auf Gozo liegt in der Nähe des Fährterminals in Mgarr, allerdings kommen die meisten Menschen mit der Fähre von Cirkewwa nach Gozo.

Schiffsreisende nach Malta können mit der italienischen Linie **Maresi Shipping** von Reggio di Calabria in Italien sowie von Catania auf Sizilien anreisen. Es gibt auch eine Verbindung mit einem Hochgeschwindigkeitskatamaran von Pozzalo auf Sizilien, die von **Virtu Ferries** angeboten wird. Und schließlich bietet Sea Malta eine tägliche Fährverbindung von Tripolis.

VISA UND AUSWEISE

Bürger aus Großbritannien und anderen europäischen Staaten können mit einem Reisepass einreisen. Bei der Einreise aus den meisten Ländern ist kein Visum erforderlich, aber die Bestimmungen können sich ändern. Erkundigen Sie sich auf jeden Fall vor Reiseantritt in Ihrem Reisebüro. Bürger aus Ländern, die ein Visum benötigen, sollten es sich bei der maltesischen Botschaft oder dem Konsulat ihres Heimatlandes besorgen oder es schriftlich beantragen bei: Police Headquarters, Floriana, Malta; Fax (356) 247777 und 235308. Wer länger als drei Monate bleiben möchte, muss persönlich beim Principal Immigration Officer des Police Headquarters vorsprechen, und zwar deutlich vor Ablauf der Dreimonatsfrist.

Links: *Die Blaue Lagune auf Comino ist wohl die beliebteste Touristenattraktion der Inseln.*
Oben: *Viele Fischerboote oder* luzzu *sind bunt angestrichen.*

> **SCHWIMMENDE TAXIS**
>
> Eine traditionelle Beförderungsform ist das *dghajsa*, Maltas Antwort auf die Gondel. Diese starken, buntbemalten Wassertaxis fahren auf dem Grand Harbour und wurden früher dazu benutzt, die britischen Soldaten zu ihren Schiffen zurückzubringen.
> Ursprünglich wurden sie von einem stehenden Ruderer gelenkt, heute haben sie Außenbortmotoren und sind hauptsächlich am Ufer vor Senglea zu finden. Wer am 8. September den Grand Harbour besucht, kann das farbenprächtige jährliche *dghajsa*-Rennen verfolgen.

ZOLLFORMALITÄTEN

Einreiseformulare müssen vor Passieren der Passkontrolle auf Malta ausgefüllt werden; die Formulare werden normalerweise vorab im Flugzeug ausgegeben. Die Zollbeamten sind die vielen Taucher gewohnt, die schwerbepackt auf Malta ankommen, und lassen sie im allgemeinen nach einer flüchtigen Kontrolle der Papiere und der Frage nach dem Tauchziel durch. Eventuell wird man nach einer Harpune gefragt, da das Harpunenfischen verboten ist. Wer mit umfangreicher Fotoausrüstung reist, sollte eine Liste der Geräte mit Seriennummern und jeweiligem Wert anfertigen. Diese Liste kann dem Zoll bei der Einreise vorgelegt und abgestempelt werden und kann bei der Ausreise entsprechend überprüft und ausklariert werden.

VERKEHR

Taxis stehen am Flughafen, den Fährterminals und bei den großen Hotels. Die Taxis sind weiß, deutlich mit dem Schild TAXI gekennzeichnet und haben weiße Nummernschilder. Alle sind mit einem Taxameter ausgestattet, und die Fahrer können auf Anfrage die Fahrtkosten im voraus schätzen. Für die Fahrt vom Flughafen gibt es einen Festpreis, den man mit einem Ticket bezahlt; die Tickets gibt es an einem Kiosk im Flughafen. Die Fahrpreise von den Hotels zum Flughafen werden anders berechnet und sind teurer. Etwa 10 Prozent Trinkgeld werden erwartet, wenn der Fahrer sich behilflich gezeigt hat.

Man kann sich zu viert ein Taxi für den ganzen Tag mieten und den Fahrer um eine Rundfahrt bitten. Dabei sieht man sehr viel von der Gegend, und das relativ preiswert.

Das örtliche **Busnetz** ist dicht und umfasst die beiden Hauptinseln. Der zentrale Busbahnhof auf Malta befindet sich gegenüber dem Triton Fountain (Triton Brunnen) vor dem City Gate (Stadttor) von Valletta. Der Busbahnhof auf Gozo ist in der Main Gate Street in Victoria (Rabat). Die Strecken sind mit Nummern gekennzeichnet, die an den Haltestellen ausgeschildert sind. Busfahrpläne sind kostenlos erhältlich.

> **STAATLICHE FEIERTAGE**
>
> Staatliche Feiertage auf Malta sind:

1. Januar	Neujahr
10. Februar	Schiffbruch des hl. Paulus
19. März	Tag des hl. Joseph
Veränderlich	Karfreitag
31. März	Freiheitstag
1. Mai	Tag der Arbeit
7. Juni	Gedenktag 7. Juni 1919
29. Juni	St. Peter und Paul
15. August	Mariä Himmelfahrt
8. September	Unsere Liebe Frau der Siege
21. September	Unabhängigkeitstag
8. Dezember	Fest der Unbefleckten Empfängnis
13. Dezember	Tag der Republik
25. Dezember	Weihnachten

Ein **Auto mieten** ist eine naheliegende Alternative, vor allem für Fahrten auf Gozo. Man braucht einen gültigen Führerschein seines Heimatlandes. Man muss außerdem einen Versicherungsnachweis erwerben. Die Autovermieter verlangen immer eine Kreditkarte, ohne die man keinen Wagen mieten kann. Die Preise sind im allgemeinen sehr wettbewerbsorientiert.

Mieten Sie sich den Wagen oder das Motorrad früh am Tag, dann haben Sie die größte Auswahl. Überprüfen Sie das Fahrzeug, bevor Sie es mieten, um unnötige spätere Schwierigkeiten zu vermeiden, und achten Sie besonders auf die Reifen und den Ersatzreifen. Die Straßen auf Malta sind bekanntermaßen schlecht, und die Reifen vieler Mietwagen sind abgefahren; Reifenpannen sind an der Tagesordnung. Eine Reifenpanne kostet sie 1 Lm.

Auf Malta wird links gefahren und rechts überholt. Alle Entfernungsangaben sind in Kilometern. Achten Sie auf einen vollen Tank, denn Tankstellen sind selten und sonntags meistens geschlossen – einige haben jedoch „automatische“ Zapfanlagen, die wochentags bis 22 Uhr und sonntags von 8 bis 12 Uhr benutzt werden kön-

Auf den stillen Straßen von Mdina verkehren fast nur diese traditionellen karrozini.

nen. Parken innerhalb der Stadtmauern von Valletta kann sehr mühsam sein; man parkt deshalb am besten außerhalb und begibt sich mit dem Taxi, Wassertaxi oder zu Fuß in die Stadt.

GELD

Die Maltesische Lira (Lm) hatt 100 Cents (c). Es gibt Münzen von 1c, 2c, 5c, 10c, 25c, 50c und 1Lm sowie Scheine von 2 Lm, 5 Lm, 10 Lm und 20 Lm.

Bargeld, Reiseschecks und Euroschecks können bei Banken und den meisten Hotels und Restaurants sowie in größeren Läden umgetauscht werden. Banken sind zwar meistens der beste Ort zum Geldwechseln, aber am Flughafen bekommt man ebenfalls einen guten Wechselkurs. Die Einfuhr ausländischer Devisen nach Malta unterliegt keinen Beschränkungen, an maltesischem Geld darf man bei der Einreise jedoch nur höchstens 50 Lm pro Person bei sich haben. Alle großen **Kreditkarten** werden in den meisten Hotels, Restaurants und vielen Geschäften akzeptiert.

STROM

Die Stromversorgung auf Malta erfolgt mit 240 Volt, einphasig, 50 Hertz; es werden britische, dreipolige Steckdosen mit 13 Ampere verwendet. Für Vorrichtungen wie ein 110 Volt-Wiederaufladegerät für Lampen oder elektronische Ausrüstung muss man einen Adapter mitnehmen.

GESCHÄFTSZEITEN UND EINKAUFEN

Wie die übrigen Mittelmeerländer wird auch auf Malta die *Siesta* gehalten, eine dreistündige Pause nach dem Mittagessen, das die meisten Malteser daheim im Kreis der Familie einnehmen. Fast

KFZ-WERKSTÄTTEN

Es gibt drei anständige KFZ-Werkstätten mit 24-Stunden-Service:

CAA
Malta, Tel. (356) 696696, Fax (356) 696969

MTC
Malta, Tel. (356) 333332

RMF
Malta, Tel. (356) 242222, Fax (356) 246354; Gozo, Tel. 558844

POPEYE VILLAGE

1979 machte Hollywood-Regisseur Robert Altman einen der schönsten Flecken Maltas, Anchor Bay, zum Schauplatz für Sweethaven in seinem Film *Popeye - Der Seemann mit dem harten Schlag*. Am Aufbau der Filmbauten arbeiteten 165 Mann über sieben Monate Tag und Nacht. Der 1980 fertiggestellte Film hatte weniger Erfolg als die 19 Holzbauten, aus denen man nach jahrelanger Vernachlässigung eine erfolgreiche Touristenattraktion gemacht hat. Popeye Village liegt einen Kilometer westlich der Mellieha Bay und ist mit dem Bus 44 und 45 von der Ausgangshaltestelle in Valletta zu erreichen; von der Mellieha Bay geht es zu Fuß weiter zur Anchor Bay. Auf dem Gelände gibt es eine Cafeteria, ein Restaurant und einen Andenkenladen.

alle Geschäfte öffnen um 8 Uhr, schließen zwischen 12 und 13 Uhr zur *Siesta* und öffnen um 16 Uhr wieder bis 19 Uhr. Einige Dorfläden öffnen sogar schon um 7 Uhr, um die Schüler zu versorgen. Geschenkläden sind meistens durchgehend von 9 bis 19 Uhr geöffnet, Apotheken haben häufig längere Geschäftszeiten von 8 bis 12.30 Uhr und von 15.30 bis 19 Uhr. Die Apotheken können bei leichteren Beschwerden Medikamente abgeben, wenn das Problem jedoch ernsthafter ist, sollten sie einen Arzt aufsuchen.

Bis auf Marks & Spencer und British Home Stores in Valletta und Sliema gibt es auf Malta kaum größere Geschäfte; die meisten üblichen Einkäufe werden in kleinen Familienläden oder auf dem Markt erledigt. Handeln ist unüblich, auch wenn es bei einem einzelnen Straßenverkäufer einmal möglich sein mag. Die Verkäufer findet man normalerweise auf den Straßen an belebten Stränden, wo sie Obst, Snacks, Getränke und anderes mehr verkaufen. Gute heimische Spitzen sind in einer Reihe von Geschäften zu finden, aber achten Sie darauf, dass es Handarbeit ist.

Mellieha Bay im Nordosten Maltas ist ein beliebtes Ziel bei Urlaubern.

PERSÖNLICHE SICHERHEIT

Auf Malta herrscht kaum Kriminalität, und persönliche Wertsachen sind im Hotelsafe oder Schließfach am sichersten. Es gibt keine Bettler, und am Strand wird man nicht von Händlern belästigt. Die Polizeireviere (meistens an einem blauen Licht vor der Tür zu erkennen) sind rund um die Uhr besetzt. Man sollte jede Straftat sofort der Polizei melden. Lassen Sie bei einem Verkehrsunfall den Wagen dort stehen, wo er sich befindet. Wenn Sie eine Kamera bei sich haben, machen Sie eine Aufnahme vom Unfallort.

KLEIDUNG

Der Badeanzug ist nur für den Strand oder den Swimmingpool gedacht, und eine Frau kann beispielsweise nicht im Bikinioberteil einkaufen gehen. Der Gast sollte enge oder auffällige Kleidung meiden, da sie die falsche Beachtung erwecken kann. Offiziell ist Sonnenbaden „oben ohne“ auf Malta verboten, wenngleich das nicht immer beachtet wird. Nehmen Sie auf jeden Fall Rücksicht auf das Feingefühl der Einheimischen. Bedenken Sie auch, dass Malta bereits auf der Höhe Afrikas liegt und damit die Sonne auch für Mittelmeerverhältnisse schon extrem stark ist. Halten Sie sich an die kurzen Sonnenbadzeiten, um Sonnenbrände zu vermeiden. Vor allem bei luftiger Seebrise vergißt man gerne die Intensität der Sonneneinstrahlung. Empfehlenswert ist es deshalb, auch beim Schnorcheln einen entsprechenden Sonnenschutz zu tragen. Notfalls tun es hier auch ein altes T-Shirt und eine alte Jeans – nicht sehr elegant, aber besser als ein Sonnenbrand.

SPORT

Die Maltesischen Inseln bieten verschiedene Sportmöglichkeiten für Nichttaucher, darunter einen **Golf**platz auf der Hauptinsel Malta zwischen Valletta und dem internationalen Flughafen. Wegen Einzelheiten wende man sich an **The Marsa Sports and Country Club**, Triq Aldo Moro, Marsa, Tel. (356) 233851, oder **The Royal Malta Golf Club**, Triq Aldo Moro, Marsa, Tel. (356) 230664. Auf Gozo gibt es noch keinen Golfplatz, es ist jedoch einer beim Ta' Cenc Hotel geplant. **Tennis** ist sehr beliebt bei denen, die sich zwischen den Tauchgängen fit halten möchten. Alle großen Hotels haben eigene Tennisplätze oder Zugang zu nahe gelegenen Anlagen. Das Comino Hotel ist bei Tennisfreunden besonders beliebt.

Angeln ist auf den Maltesischen Inseln eine Art Nationalsport, da es auf den seichten Riffen vor der Küste von kleinen Fischen wimmelt. Alle großen Ferienhotels vermieten **Surfbretter**, und viele erteilen auch Unterricht, oft sehr preiswert oder sogar umsonst. Viele Buchten an allen drei Inseln sind relativ exponiert, man findet also meistens immer irgendwo Wind. Die Mellieha Bay gilt als ausgezeichnete Bucht zum Surfen, wobei Aquaventure überdurchschnittlich gute Einrichtungen stellt.

NÜTZLICHE GE- UND VERBOTE

- **Sonnenbräunen:** Die häufigsten gesundheitlichen Probleme der Urlauber gehen darauf zurück, dass die Kraft der Sonne unterschätzt wird, vor allem bei leichtem Wind. Es wird offiziell geraten, sich zwischen 10 und 14 Uhr nicht direkt der Sonne auszusetzen. Sonnencreme wird empfohlen, insbesondere Personen mit heller Haut (Schutzfaktor 25 oder höher). Besonders schützen sollte man die Oberseite des Kopfes (Hut tragen), Nase, Kniekehlen und die Oberseite der Füße. Wenn Sie keine starke Sonne gewohnt sind, sollten Sie Ihr Sonnenbad wie folgt planen: 1. Tag 10 Minuten, 2. Tag 15 Minuten, 3. Tag 25 Minuten, 4. Tag 35 Minuten, 5. Tag 50 Minuten, 6. Tag 75 Minuten.
- **Lebensmittel:** Im Sommer halten sich Lebensmittel außerhalb des Kühlschranks nicht lange. Achten Sie darauf, dass alles frisch gekocht wird, und essen Sie es, solange es warm ist. Essen Sie nichts Gekochtes, das nicht kalt gelagert wurde.
- **Wasser:** Wasser aus dem Hahn kann man überall auf den Inseln trinken; über 60 Prozent wird mittels umgekehrter Osmose verarbeitet, was einen etwas unangenehmen Geschmack hinterlässt, da es sich um entsalztes Meerwasser handelt. Lokales und importiertes Wasser in Flaschen ist überall erhältlich und wird in Restaurants und Bars verkauft; in den Läden und Supermärkten ist es sehr viel billiger.
- **Insekten:** Insektenstiche sind lästig und können allergische Reaktionen auslösen. Man benutzt daher am besten ein Abwehrmittel, vor allem in der Morgen- und Abenddämmerung. Wer nachts taucht, muss mit Stechmücken rechnen, die recht groß sein können.

NOTFALL-NUMMERN

General Hospital	
(Malta)	Tel. (356) 241251
(Gozo)	Tel. (356) 561600
Notfall	Tel. 196
Feuer	Tel. 199
Polizei	Tel. 191
Luftrettung	Tel. (356) 244371
Seerettung	Tel. (356) 238797, 225040
VDST-Taucherhotline	Tel. 01803322105

TAUCHEN UND SCHNORCHELN VOR DEN MALTESISCHEN INSELN

Die Maltesischen Inseln sind eine der ersten Tauchadressen im Mittelmeer und bei deutschen, österreichischen, schweizer und englischen Tauchern gleichermaßen beliebt. Gegenwärtig kommen jährlich rund 40.000 Tauchtouristen auf die Inseln, von denen die meisten im Schnitt zehn Tauchgänge unternehmen, sodass man auf stattliche 400.000 Tauchgänge pro Jahr bei den Inseln kommt. Das grenzenlose Tauchvergnügen, klares tiefes Wasser und ein märchenhaftes Meeresleben lassen die Taucher immer wiederkommen.

Malta war das beliebteste Ziel der englischen Taucher im Ausland, bevor das Rote Meer für den Massentourismus erschlossen wurde, und die Popularität der Inseln ist in letzter Zeit wieder gestiegen. Vor Ort macht man sich zunehmend Gedanken um den Schutz des Meereslebens, neue Naturschutzrichtlinien wurden erlassen, und die Malteser setzen alles daran, dem Meerestourismus eine dauerhafte Zukunft zu erschließen.

Malta, Comino und Gozo waren einmal mit der Insel Sizilien 93 Kilometer nördlich verbunden. Das Meer, das durch die Engpässe zwischen den Inseln strömt, ist reich an Nährstoffen und bietet ideale Lebensbedingungen für die Meeresflora und -fauna. Riesenschwärme von Goldstriemen (Sarpa salpa) weiden die Algen vor dem Crocodile Rock beim Dwejra Point (Gozo, Nr. 13) ab, während sich um das Wrack der Rozi vor Cirkewwa (Malta, Nr. 23) in typischer Weise Ährenfische, Blöker und Brassen scharen.

Alle drei Inseln bieten zahllose Tauchgelegenheiten. Viele der besten Tauchgebiete liegen vor Gozo, und Autos von Privatleuten wie Tauchzentren fahren mehrmals am Tag mit der Fähre von Malta hin und her. Auch Comino hat einige interessante Tauchgebiete. Eine Überraschung ist für viele Besucher die ungewöhnliche landschaftliche Schönheit beim Tauchen vor der Inselgruppe. Neben den Riffbauten vor der Küste wird aufregendes und anspruchsvolles Höhlentauchen in den außergewöhnlichen Grotten, Kaminen und Gullys geboten, für die diese Inseln berühmt sind.

Viele Tauchgänge kann man vom Ufer aus unternehmen, und wenn man sich einmal auskennt, kann man praktisch überall ohne Führer tauchen. Viel Taucher tauchen folglich für sich, und viele Taucher-

Links: *Marfa Point am Westemde Maltas ist ideal für Küstentauchen in sicherem Wasser.*
Oben: *Der neugierige Meerpfau* (Thalassoma pavo) *lebt in flachen Küstengewässern.*

gruppen und -paare kommen nach Malta, um auf eigene Faust zu tauchen. Unter solchen Umständen ist es wichtig, das Tauchen im voraus gut zu planen und sich an diesen Plan zu halten. Wenn Sie vom Ufer aus tauchen, unterrichten Sie Ihr Hotel oder eine zuverlässige Person von Ihren Tauchplänen und Ihrer ungefähren Rückkehr.

Wenn Sie mit einem der lokalen Tauchclubs tauchen, übernehmen Tauchlehrer die Planung. Sofern Sie nicht mit einer Gruppe tauchen lernen, wird ein typischer Tauchtag aus einem morgendlichen Tieftauchgang auf vielleicht 39 m bestehen. Der zweite Tauchgang des Tages wird nachmittags erfolgen und vielleicht noch einmal tief hinuntergehen, wenngleich es dann doch meistens das flachere Wasser vor der Küste ist. Nachttauchen ist eine weitere Möglichkeit, und es gibt eine Reihe geeigneter Gebiete für das Tauchen vom Ufer aus ziemlich nah bei den Hotelzentren, etwa das Dwejra Blue Hole, Marfa Point und Ix-Xini bei Mgarr.

Es gibt buchstäblich Hunderte registrierter Tauchgebiete vor der Küste der Maltesischen Inseln und dazu zahllose Riffe und Untiefen im offenen Meer. Die Gebiete sind entweder unter ihrem maltesischen Namen oder dem Namen bekannt, den die Tauchzentren ihnen gegeben haben, die sie gern aufsuchen. Das führt ziemlich oft zu Missverständnissen, denn einige gehören zum selben Riff; wir haben uns um Klärung bemüht, wo das machbar war.

Riffe im Mittelmeer

Der Begriff „Riff" wird zwar im Buch durchgängig gebraucht, es ist jedoch wichtig zu wissen, dass es im Mittelmeer keine echten Korallenriffe gibt. Tropische Korallenriffe bilden sich im Laufe von Jahrtausenden durch lebende Organismen, die auf den Skeletten ihrer Vorgänger weiterbauen und sich immer höher zum Licht hin ausweiten. Den Meeresboden bei Malta bildet felsiger Grund aus altem Kalk- und Sandstein, der vor vielen Jahrhunderten durch vulkanische Tätigkeit nach oben gedrückt und durch das Steigen und Fallen der Meere während mehrerer Eiszeiten weiter geformt wurde. Die submarinen Rücken und Hänge aus Felsen werden als Riffe bezeichnet, weil sie eigentlich von der Küstenlinie getrennt sind. Viele sind trotzdem von Kolonien kleiner Becherkorallen, Moostierchen, Algen und Hydrozoen überkrustet.

Tauchbedingungen

Das Tauchen vor Malta, Comino und Gozo erfolgt überwiegend von der Küste aus, wobei diese Tauchgänge immer als potentielles Tieftauchen gelten. Die stärksten Strömungen treten an den Ausläufern der Inseln auf, stellen aber sehr selten eine Gefahr für die Taucher dar. Wer sich über seine Eignung bei starken Strömungen nicht im klaren ist, sollte sich immer an den Tauchlehrer auf dem Boot halten, von dem aus man taucht.

Am weitaus gefährlichsten auch für sehr erfahrene Taucher ist das Tauchen in den immer äußerst tückischen tiefen Höhlen. Das Tauchen in große Tiefen ist vor den Inseln so einfach, dass Touristen immer wieder ohne Begleitung in Tiefen unter 40 m tauchen, was schon einige Todesfälle zur Folge hatte. Auch wenn diese Unglücksfälle auf verschiedene Umstände zurückgehen (mangelnde Erfahrung, unzureichende Ausrüstung, Tauchen bei schlechten Witterungsbedingungen), liegt das Problem im allgemeinen doch darin, dass Taucher in dem kristallklaren Wasser zu tief tauchen und dann in einer Höhle merken, dass die Luft nicht reicht.

Die Brandung kann beim Tauchen in Küstennähe zum Problem werden, und bevorzugte Ein- und Ausstiegspunkte sind deshalb die geschützten Stellen, wo die Taucher das Wasser sicher betreten und verlassen können, wie Dwejra Point und Marfa Point. Während der regelmäßig auf den Inseln auftretenden Winterstürme kommt das Tauchen im Hafen von Valletta zu seinem Recht. Dort kann man unter relativ ruhigen Bedingungen Schiffswracks aus dem Zweiten

Tauchbedingungen und Strukturen auf dem Meeresgrund

Die Tauchbedingungen an der Küste unterscheiden sich kaum, und die Taucher finden Riffbedingungen wie im übrigen zentralen Mittelmeer vor. Die Riffstrukturen sind:
Pfeiler: ein großer, alter, turmförmiger Korallenstock.
Block: riesige Felsblöcke aus herabgestürztem Kalkstein, die überall an der Küste unregelmäßige Riffe bilden.
Cañon: ein senkrechter Einschnitt in das Festland an der Küste.
Tunnel: ein Durchbruch durch ein Riff, manchmal auch Durchlass, Klamm oder Riss genannt.
Kamin: allgemein ein schmaler Tunnel, der senkrecht durch die Riffkante nach oben läuft.
Schelf: wo das tiefe Wasser beginnt.
Wand oder Kliff: das Landkliff, das durch das Eintauchen ins Wasser den Schelf bildet.

Weltkrieg erkunden, und obwohl die Sicht unter Wasser vergleichsweise gering ist, lohnen diese Tauchgänge. Die Italian Mission und die National Tourism Organization haben begonnen, den Zugang zu zahlreichen anderen Tauchgebieten von der Küste aus zu verbessern und machen die Ein- und Ausstiegspunkte generell sehr viel sicherer, indem sie zum Beispiel Geländer und neue Stufen installieren.

Sicht

Die Sicht unter Wasser ist im allgemeinen ausgezeichnet und wird durch Gezeiten und Strömungen kaum beeinträchtigt. Sie hängt allerdings vom Standort und der Jahreszeit ab. Die Sicht ändert sich bei der langen Dünung, die sich manchmal zu Wellen auf dem Mittelmeer aufbaut und jedes Tauchen an den Ostküsten von Malta und Gozo praktisch unmöglich macht (dann gibt es jedoch geschützte Ausweichgebiete wie Dwejra Point, Xlendi Bay und Cirkewwa). Eingeschränkt ist die Sicht gelegentlich, wenn flache sandige Lagunen aufgewirbelt werden oder als Folge jahreszeitlicher Einflüsse wie Plankton, das im Frühjahr und Herbst das Wasser trübt. Dies kann in allen Insel- und Küstengebieten vorkommen. Nach starken Regenfällen kann die Sicht in den küstennahen Gebieten wie der Xlendi Bay und dem Ghasri Valley auf Null sinken; das sind jedoch glücklicherweise Gezeitenbereiche in unmittelbarer Nachbarschaft zu tiefem Wasser, sodass das Sediment am Rand des Inselsockels rasch absinkt. Generell gilt natürlich: je mehr Abstand man von größeren Regenwasserzuflüssen hat, desto besser ist die Sicht.

Im Sommer reicht die Sicht selten weiter als 25 m, aber im Winter von November bis März kann sie phantastische 45 m erreichen. Die flachen Buchten und der Hafen von Valletta bieten diesbezüglich wohl am wenigsten: dort liegt die Sicht im Sommer bei durchschnittlich 6 m, im Winter bei 12 m.

Im Spätsommer kommen Knollenquallen (Cotylorhiza tuberculata) *bei den Inseln häufig vor.*

MALTAS BESTE STRÄNDE

Die meisten der elf maltesischen Sandstrände liegen im Norden der Insel. Am beliebtesten sind Mellieha Bay, Golden Sands, Ghajn Tuffieha Bay und Gneja Bay auf Malta sowie Ramla Bay und San Blas Bay auf Gozo. Auch Comino hat zwei Sandstrände. Die Malteser lieben das Meer und sind selten am Swimmingpool oder im Süßwasser zu finden. Besonders gern treffen sie sich an den Wochenenden oder Feiertagen mit Freunden und Familienangehörigen am Strand.

Es existiert ein umfangreiches Programm zur Überwachung der Wasserqualität gemäß den EU-Maßnahmen (Blaue Flagge). Das Gesundheitsministerium analysiert zusammen mit dem Umweltministerium Proben und veröffentlicht jährlich ausführliche Berichte. Strände und Uferstreifen werden von einer Spezialabteilung des Tourismussekretariats gesäubert.

TAUCHBOOTE

Auch wenn das Tauchen überwiegend von der Küste aus erfolgt, gibt es doch weiter draußen flache Riffbereiche und einige phantastische Steilwände im Südosten von Malta und Gozo, und auch die besten Tauchgebiete von Comino, die nur mit dem Boot zu erreichen sind. Die langsameren sind umgebaute Fischerboote, Luzzu, die im allgemeinen für Tagesfahrten von den Tauchresorts gemietet werden und von Cirkewwa auslaufen. Sie haben Flaschen für zwei Tauchgänge an Bord, zwischen denen etwa eine Stunde Pause gemacht wird. Eine solche Tour beginnt meistens gegen 10 Uhr und dauert etwa vier Stunden; man sollte sich also etwas zu essen mitnehmen. Dann gibt es noch spezielle, sehr viel schnellere Tauchboote, wie zum Beispiel St. Andrew's Divers' Cove auf Gozo sie benutzt. Sie können relativ schnell auch abgelegenere Gebiete wie etwa San Dimitri Point erreichen.

Von einem Luzzu geht man im allgemeinen mit einem großen Schritt nach vorn ins Wasser. Bei einem speziellen Tauchboot macht man entweder eine Rolle rückwärts oder lässt sich langsam seitlich ins Wasser gleiten und hält sich dabei mit einer Hand am Boot fest.

Das einzige, gegenwärtig fahrende Kreuzfahrtschiff wird von Frankie's Gozo Dive Centre betrieben. Bei entsprechendem Wetter fährt es Gebiete rund um die Inseln an; das Schiff kann acht Gäste relativ komfortabel aufnehmen und hat an Bord einen eigenen Kompressor sowie ein kleines, aufblasbares Beiboot zum Aufnehmen der Taucher.

TAUCHEN LERNEN

Beim maltesischen Ministerium für Tourismus sind 28 Tauchschulen registriert, außerdem arbeiten einige andere (hauptsächlich deutsche) saisonal in verschiedenen Hotels. Eine Liste ist beim Maltese Tourist Office erhältlich (vgl. Seite 16), oder bei der Federation of Underwater Activities auf Malta (FUAM), PO Box 29, Gzira, Malta.

Jedes Jahr kommen Tausende erfahrener Sporttaucher nach Malta, Comino und Gozo. Die meisten kennen die dortigen Tauchgebiete und vor allem die Orte, die sie wieder aufsuchen möchten, ohne dass sie die lokalen Tauchshops in Anspruch nehmen müssen, außer um Pressluftflaschen zu mieten und auffüllen zu lassen. Das klare, warme Wasser das ganze Jahr hindurch macht die Maltesischen Inseln jedoch auch zu einem idealen Ort, wo man das Tauchen lernen kann.

Achten Sie bei der Wahl einer Tauchschule darauf, dass sie einem der großen Tauchverbände wie PADI, CMAS oder BSAC angeschlossen ist. PADI (Professional Association of Diving Instructors) ist wahrscheinlich das verbreitetste Lehrsystem auf der Inselgruppe, wenngleich die meisten größeren Tauchschulen Lehrer haben, die die Qualifikation mindestens zweier oder dreier Verbände erfüllen. BSAC (British Sub Aqua Club) hat Lehrer, die in einigen Resorts residieren, ebenso CMAS (Confédération Mondiale d'Acivités Subaquatiques – World Underwater Federation), der große Welttauchsportverband, dem auch alle Nationalen Tauchsportverbände angehören, wie er VDST, der SUSV und der TSVÖ. Die Verbände sind FUAM (siehe oben), die der CMAS angeschlossen ist, und APDS (Association of Professional Diving Schools), APDS, Msida Court, 6 1/2 Msida Sea Front, Msida, Malta.

Wenn Sie nur ein paar Tage bleiben, können Sie einen Resortkurs machen. Der Resortkurs soll einen Vorgeschmack auf das Tauchen geben und für den Sport begeistern, aber auch Grundlegendes

Ein Tauchboot auf dem Weg zum Blue Dome am Eingang des Ghasri Valley (Gozo, Nr. 7).

An vielen Wänden wimmelt es von farbenprächtigen Wirbellosen wie diesem Seestern.

über die Sicherheit im Wasser und den Umweltschutz vermitteln – bei zwei bis vier Unterrichtsstunden. Resortkurse sind für Teilnehmer ab zwölf Jahre gedacht (Kinder unter 18 benötigen die Einwilligung der Eltern). In den Kosten ist die Leihgebühr für die Ausrüstung enthalten.

Wer die Ausbildung vertiefen möchte, kann den VDST-Grundtauchschein, das DTSA-Bronce (= CMAS*) machen, oder einen 5tägigen Open Water-Kurs (nach dem PADI-System) absolvieren. Damit kann man mit ausgebildeten Tauchern und Tauchlehrern mittauchen.

Nach bestandenem CMAS* oder Open Water-Kurs kann man das DTSA-Silber (= CMAS**) oder einen Advanced Open Water-Kurs machen. Danach sind verschiedene Spezialkurse möglich wie Wracktauchen, Unterwasserfotografie oder Tauchlehrerkurse. Ein Tauchresort, das Aquaventure im Mellieha Bay Hotel auf Malta, bietet Kurse für Höhlentauchen an.

Wenn Sie sich qualifiziert haben, ist Ihre C-Card oder das internationale Tauchsportbrevet Ihr weltweit anerkannter Taucherpass. Er ist lebenslang gültig, aber wenn Sie in einem Jahr einmal nicht tauchen können, empfiehlt sich ein Auffrischungskurs.

Maltesische Taucherlaubnis

Jeder Besucher, der selbständig tauchen möchte, muss sich eine maltesische Taucherlaubnis besorgen, die 2 Lm kostet. Dafür braucht man zwei Passfotos, eine aktuelle ärztliche Bescheinigung und das Tauchfahrtenbuch oder die C-Card für Advanced Open Water oder ein entsprechendes Brevet (BSAC Advanced Sport Diver oder CMAS**). Wenn Sie diese Qualifikation nicht vorweisen können, müssen Sie immer in Begleitung eines maltesischen Tauchlehrers tauchen. Eventuell müssen Sie sich noch ein-

Die Divemania *von St. Andrew's Divers Cove gesehen vom San Dimitri Point.*

mal ärztlich untersuchen lassen. Lizenzformulare bekommt man bei allen maltesischen Tauchschulen. Denken Sie daran, dass die Bearbeitung der Formulare Zeit kostet, und wenn Ihre Ferien zu Ende gehen, bevor Sie die Lizenz erhalten haben, schickt die Tauchschule Ihnen die Unterlagen mit der Post zu.

Ausländische Taucher können Ihre C-Card im voraus bekommen, wenn sie die entsprechenden Formulare ausfüllen und eingeschrieben mit den notwendigen Anlagen an das Department of Health, Hyperbaric Unit, St. Luke's Hospital, Malta, schicken.

Eine Tauchlizenz ist ein Jahr gültig und soll die Tauchbefähigung sowie die sichere und sachgemäße Benutzung eines Atemgeräts mit komprimierter Luft bescheinigen. Die Bedingungen für die Lizenz können wie folgt zusammengefasst werden: man muss mit einem Partner tauchen, der ebenfalls eine Lizenz besitzen sollte; es ist immer ein Schwimmer mit einer weißen und blauen Fahne (Code A) zu benutzen; die Tauchausrüstung muss in gutem Zustand sein; man darf nicht in Sperrgebieten tauchen (die in allen lizensierten Tauchshops angegeben sind) oder Gegenstände entfernen, die eventuell geschichtlich bedeutsam sind – Dinge dieser Art sollte man dem Museum Department melden.

STICKSTOFFNARKOSE

Viele Tauchgänge bei den Maltesischen Inseln gehen in größere Tiefen, in denen die Wahrscheinlichkeit besteht, von einer Stickstoffnarkose, auch Tiefenrausch genannt, betroffen zu werden. Die Stickstoffnarkose darf auf keinen Fall auf die leichte Schulter genommen werden.
Wenn Sie auf Tiefen von 40 m tauchen wollen, machen Sie zuerst eine entsprechende Ausbildung und steigern Sie dann die Tiefe um jeweils 3 m. Die Symptome der Stickstoffnarkose sind der Euphorie und Trunkenheit ähnlich.

BEHINDERTE TAUCHER

Einige Taucheinrichtungen sind auch für die Schulung behinderter Taucher ausgestattet – die Boote sind rollstuhlgerecht, die Anlegeplätze und Einstiegsstellen erlauben einen leichten Zugang. Die Tauchzentren können Brevets für Taucher mit verschiedenen Behinderungen ausstellen, vorausgesetzt sie sind medizinisch in der Lage zu tauchen. Jeder Anwärter muss vor Kursbeginn einen Arzt aufsuchen.

Auf den Maltesischen Inseln gilt allgemein, dass jede Tauchschule mit eigener Mole behinderten Tauchern behilflich ist. Viele kleinere Tauchschulen sind diesbezüglich eingeschränkt, weil der Zugang zum Tauchboot nur über felsiges Ufer oder Sandstrand sowie anschließendes Waten durch das Wasser möglich ist. Der Service wird jedoch ständig verbessert; aktuelle Informationen erhält man bei der Federation of Underwater Activities auf Malta (FUAM) oder beim Maltese Department of Tourism.

Weitere Informationen über Behindertenorganisationen und Schulung bei:

National Commission for the Handicapped, St. Joseph's High Rd, Santa Venera, Malta; Tel. (356) 487789.

SCHNORCHELN – TIPS, TECHNIKEN UND AUSRÜSTUNG

Schnorcheln ist ein Sport für jedes Alter, den man allein, mit einem Partner und als Familie betreiben kann. Es gibt beim Schnorcheln absolut keine Altersgrenze, und man kann viele unbeschwerte Stunden erleben, sofern man sich in sicheren, geschützten Gewässern aufhält.

Wenn man zum ersten Mal mit Maske, Schnorchel und Flossen ins Wasser geht, kann das ziemlich beängstigend sein, aber mit der richtigen Technik werden Sie bald feststellen, dass Schnorcheln wenig Kraft erfordert. Nur schwimmen muss man können.

DER CAISSONKRANKHEIT VORBEUGEN

Machen: viel Wasser trinken (um der Dehydrierung vorzubeugen); zurückhaltend tauchen (nichts erzwingen).
Vermeiden: sportlichen Höchstleistungen vor oder nach dem Tauchen; Alkohol oder Kaffee trinken; nach dem Tauchen heiß duschen; den Körper beim oder nach dem Tauchen nicht zu kalt werden lassen.
Wenn ein Taucher leichtes Kribbeln, Taubheit, extreme Müdigkeit, Schwäche, Benommenheit, Schwindel oder allgemeine gesundheitliche Probleme verspürt, sollte er die auf Seite 103 genannten Maßnahmen befolgen. Gegebenenfalls die **Druckkammer** aufsuchen, Tel. (356) 234766.

Schnorcheln wird auch als leichte sportliche Betätigung empfohlen und wirkt körperlich wie geistig anregend; wer jedoch durch ein Leiden vorbelastet ist, sollte zuvor seinen Arzt fragen.

Bei entsprechender Anleitung werden Sie sich bald an für das Schnorcheln geeigneten Plätzen tummeln können, wie der herrlichen Blue Lagoon auf Comino oder bei den Santa Marija Caves. Es ist ratsam, sich bei einem lokalen Tauchshop zu erkundigen, ob das Gebiet, in dem Sie schnorcheln möchten, sicher ist. Wenn Sie auch nur den geringsten Zweifel haben, gehen Sie nicht ins Wasser – informieren Sie sich zuerst.

Unterricht wird in vielen lokalen Tauchzentren und Hotels erteilt und findet eventuell im Schwimmbecken eines Tauchzentrums statt. Die Ausrüstung kann man normalerweise in einem Tauchshop mieten, wenngleich Schnorcheln kein teurer Sport ist und man sich auch eine eigene Ausrüstung kaufen kann.

SICHERHEITSTIPS BEIM SCHWIMMEN

- Vorsicht beim Schwimmen in unbekannten Gewässern.
- Schwimmen Sie nicht, wenn Sie übermüdet oder erhitzt sind, oder direkt nach dem Essen.
- Kinder müssen in der Brandung beaufsichtigt werden, und auch, wenn sie mit aufblasbaren Objekten schwimmen.
- Wenn Sie in einen Sog geraten, nicht die Nerven verlieren. Versuchen Sie nicht, direkt zum Ufer zurückzuschwimmen, schwimmen Sie ein Stückchen parallel zum Ufer, bis Sie aus dem Sog heraus sind - dann zurück zum Ufer schwimmen.
- Halten Sie sich von der Felsenküste fern.

SCHNORCHEL- UND TAUCHAUSRÜSTUNG

Die Schnorchelausrüstung besteht im wesentlichen aus einem Schnorchel und einer Maske mit verstellbarem Kopfband und vorgespanntem Glas. Die Maske muss so konstruiert sein, dass man den Luftdruck darin durch die Nase anpassen kann. Es gibt auch Masken, in die man optische Gläser einsetzen kann. Für Kontaktlinsenträger ist normalerweise eine eng sitzende Maske mit geringem Volumen angemessen. Der Schnorchel sollte nicht zu lang sein und keinen zu großen Durchmesser haben, damit man das Wasser in ihm mit einem einzigen Atemzug ausblasen kann, falls man zu tief gerät. Einige moderne Schnorchel haben eine Vorrichtung, die alles Wasser von allein ablaufen lässt. Der Schnorchel muss gut im Mund sitzen und darf das Atmen in keiner Weise behindern.

Flossen sind weitere wichtige Ausrüstungsteile und in zwei Varianten erhältlich. Die erste hat ein verstellbares Fersenband und kann über Füßlingen getragen werden. Eine kleinere, weichere Variante kann barfuß getragen werden und umschließt mit eingearbeitetem Gummischuh den Fuß.

Neben der Grundausrüstung aus Maske, Schnorchel und Flossen sollte man einen Lycra-Anzug oder einen dünnen Nasstauchanzug tragen. Er schützt nicht nur vor Sonnenstrahlen, sondern auch vor winzigem nesselndem Plankton, das im Wasser schweben kann. Wer keinerlei Schutzkleidung hat, sollte wenigstens ein T-Shirt und eventuell Jeans tragen, um die Sonnenstrahlen abzuhalten.

Die Tauchausrüstung besteht neben der Grundausrüstung für Schnorchler noch aus einer Druckluftflasche; einem Atemregler oder Lungenautomaten; einem Finimeter, der anzeigt, wieviel Luft noch in der Flasche ist; einem leicht ablesbaren Tiefenmesser zum Ablesen der aktuellen sowie der maximal erreichten Tiefe; einer Uhr mit einem Drehring, damit man weiß, wie lange man sich in einer bestimmten Tiefe aufgehalten hat, und der Tauchgang insgesamt schon dauert; einem Gurt und Bleigewichten als Ausgleich für den natürlichen Auftrieb des Körpers; und einer Tarierweste oder einem Jacket, mit dem man den Auftrieb im Wasser regulieren kann, um eine bestimmte Tiefe oder Abstand zum Riff zu halten. Da die Wassertemperatur bei den Maltesischen Inseln in den Wintermonaten auf 14 °C sinkt, ist es ratsam, einen Nass- oder besser noch einen Trockentauchanzug zu tragen.

AUFTRIEBSKONTROLLE

Um das Meeresleben zu schützen, müssen Taucher gut tarieren können. Entscheidend ist es, in der Lage zu sein, waagerecht wie senkrecht dicht vor einem Riff oder über dem Boden schweben zu können, ohne sich irgendwo abstützen zu müssen. Der Auftrieb wird durch Aufblasen der Tarierweste oder durch Luftablassen in verschiedenen Tiefen gesteuert. Wenn man das Tarieren einmal beherrscht, hat man einen erheblich geringeren Luftverbrauch; man erlebt mehr von der Unterwasserwelt bei jedem Tauchgang; man richtet viel weniger unbeabsichtigte Schäden an der Umwelt an, und der Spaß am Tauchen steigt entsprechend.

Das eindrucksvolle Blue Hole (Gozo, Nr. 11) lockt viele Taucher an.

Man kann ein kleines Messer mitführen, um sich gegebenenfalls von im Wasser treibenden Angelschnüren oder ähnlichem zu befreien. Für erfahrenere Taucher, die intensiver tauchen möchten, empfiehlt sich ein Decomputer, der zum Beispiel das Profil eines Wiederholungstauchgangs erstellen kann.

Übrigens gibt es auch die Möglichkeit, im Schnorcheln entsprechende Brevets zu machen. Dies gilt für Kinder und Erwachsene. Zur Verbesserung der Kondition und für bessere Unterwassererlebnisse bietet der VDST Apnoeausbildung in den Levels I–III an. Hierbei lernen Sie, bis in Tiefen von 20 m zu schnorcheln, nicht als Hochleistungssport, sondern um mehr von Ihren Schnorchelerlebnissen genießen zu können.

Darüber hinaus haben wir für alle Unterwasseraktivitäten im Mittelmeer die wichtigsten Bücher und Literaturhinweise am Ende des Buches zusammengestellt. Sie werden Ihnen helfen, mehr zu erkennen und zu entdecken.

Schnorcheltips

- Die Maske vor dem Schnorcheln säubern: sie zuerst nass machen, dann hineinspucken und den Speichel mit den Fingern verreiben. Die Maske dann ausspülen. Das verhindert, dass die Maske beschlägt.
- Beim Aufsetzen der Maske darauf achten, dass keine Haare unter den Maskenabschluss geraten.
- Wenn Wasser in die Maske kommt, durch die Nase ausatmen und die Maske dabei oben fest gegen die Stirn drücken.
- Wenn Wasser in den Schnorchel dringt, kräftig durch das Rohr ausblasen, um das Wasser auszutreiben.
- Immer mit einem Partner schnorcheln.

MALTA

Malta, die größte Insel des Archipels, ist 264 Quadratkilometer groß, hat 136 Kilometer Küste und weist als Charakteristikum Steilklippen im Süden auf, die sanft zur zerklüfteten Küste im Norden hin abfallen. Etwa 90 Prozent der Bevölkerung lebt im oder um das Gebiet von Valletta mit der befestigten Hauptstadt Valletta, den geschichtlichen Drei Städten (Vittoriosa, Cospicua und Senglea), sowie dem modernen Ferienort Sliema. Touristisch erschlossen ist auch die Nordküste bei St. Julian's und der St. Paul's Bay. Das Zentrum der Insel wird von der mittelalterlichen, ummauerten Stadt Mdina beherrscht.

Tauchen kann man auf Malta überwiegend von der Küste aus. Wir haben die Insel in vier Gebiete unterteilt. Das **Gebiet Valletta** mit Marsamxett Harbour und Grand Harbour war im Zweiten Weltkrieg Schauplatz schwerer Bombardements und bietet jetzt zahlreiche Wracks. Viele davon liegen allerdings auf großen Schifffahrtsstraßen und sind demzufolge nicht zugänglich. Zwei Wracks, die HMS *Maori* und der Frachtkahn *Carolita* (Nr. 4 und 5), sind jedoch ideale Tauchziele. Zugänglich sind außerdem das Tent Peg Wreck sowie die Wracks der MV *Odile* und der HMS *Jersey*.

Einige Gebiete liegen im **Norden** der Insel, dazu Wracks in großer Tiefe wie die HMS *Stubborn* (vgl. Box Seite 40), ein erhaltenes U-Boot in 60 m. Da diese Wracks jedoch für den Feriensporttaucher wohl zu tief liegen, werden sie in diesem Buch nur am Rande erwähnt.

Leichter zugänglich ist Cirkewwa (oder Marfa Point, wie es meistens genannt wird) auf dem berühmten **Marfa Ridge**, der Tauchschulen und erfahrenere Taucher, die zum Wrack der *Rozi* (Nr. 23) tauchen wollen, magisch anzieht. Als dieses Buch entstand, plante man eine Sanierung des Gebiets am Fährhafen mit einem Ausbau bis zum bestehenden Hafen, was für die Taucher den Verlust mehrerer beliebter Gebiete zur Folge hätte. Es ist zu hoffen, dass dieser Plan überarbeitet wird und die Taucher weiteren Zugang zum südlichen Fährenterminal erhalten; das Ministerium für Tourismus hat inzwischen erklärt, dass die Tauchgebiete kaum in Mitleidenschaft gezogen werden.

Links: *Golden Bay ist nach seinem Sandstrand so benannt.*
Oben: *Der Feuerwurm* (Hermodice carunculata) *kommt bei den Maltesischen Inseln häufig vor.*

Im **Süden** der Insel sind die Kliffs und Höhlen eine Attraktion. Neben der noch vergleichsweise unerforschten Insel Filfla gibt es an der Südküste auch drei Wracks. Im Südosten ist der Bomber bei Marsaxlokk in 42 m Tiefe ein sehr beliebtes Ziel. 19 Kilometer östlich von Valletta steigt bis 30 m unter die Oberfläche ein submariner Tafelberg empor, die Hamrija Bank. Er ist von Tauchern noch fast gar nicht erforscht und wird von Hochseetankern angefahren, die dort Anker werfen, bevor sie in Valletta anlegen.

Das Tauchen bietet malerische Unterwasserlandschaften, herrliche Wände, aufregende natürliche Bögen, Höhlen, Grotten und Wracks, die den Tauchgang zum Erlebnis machen. Die Fischwelt ist weit vielfältiger als man vielleicht geglaubt hat; in den meisten Gebieten trifft man auf große Schwärme von Riffbarschen, Meerbrassen, Blökern und Stinten. Einige Gegenden sind bekannt für Fischfütterungen, und auch wenn es diesbezüglich einige Vorbehalte wegen der möglichen Auswirkungen auf die ökologischen Prozesse in der Natur gibt, kommen doch viele Schnorchler und Taucher unter den Touristen dorthin, um das Spektakel zu erleben, von Tausenden von Fischen umgeben zu sein.

Auch das Nachttauchen ist sehr beliebt, und die meisten Tauchzentren bieten mehrmals wöchentlich Nachttauchgänge an. Die vielen Besucher, die für sich tauchen, sind bei ihren Tauchgängen natürlich keinerlei Beschränkungen unterworfen, sofern sie im Besitz der maltesischen Taucherlaubnis sind.

Ein Wort noch zur Warnung. Es gibt rund um die Inseln zahllose submarine Höhlen und Grotten, die sich zum Teil über viele hundert Meter erstrecken, dazu einige spektakuläre natürliche Bögen. Denken Sie daran, dass Höhlentauchen eine Spezialdisziplin ist und niemand diese Orte ohne sachkundige Führung oder entsprechende Ausbildung erkunden sollte.

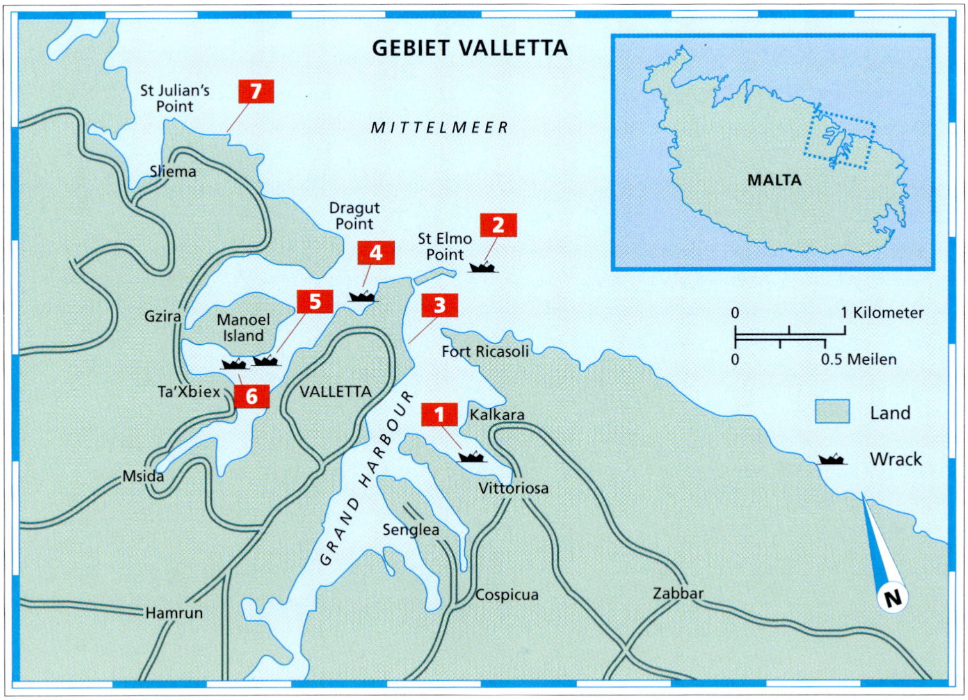

Gelbe Spitzkopf-Schleimfische (Tripterygion xanthosoma) *sitzen oft oben auf den Algen.*

1 MV ODILE

★★

Lage: In der Kalkara Creek direkt zwischen Vittoriosa und Kalkara.
Zugang: Über den Vittoriosa Quay und durch den Tunnel zur Bucht fahren. Bei den Schaukeln parken und an der Wand einsteigen; auf den alten Aufzugschacht auf der anderen Seite zuschwimmen; das Wrack liegt mitten im Kanal.
Bedingungen: Ziemlich gut geschützt im Innern der Bucht vor dem Grand Harbour, allerdings sinkt die Sicht auf Null, wenn die feine Siltschicht aufgewirbelt wird, die über allem liegt.
Durchschnittliche Tiefe: 20 m
Maximale Tiefe: 24 m
Durchschnittliche Sicht: 6 m

Das Wrack, ursprünglich für das der HMS Abingdon gehalten, die am 4. April 1942 sank, ist in Wirklichkeit das des italienischen Dampffrachters MV Odile, der im Zweiten Weltkrieg durch Bomben versenkt und in den 70er Jahren dann „gerettet" wurde. Das ziemlich stark zerstörte Schiff (Bug und Schraube fehlen) liegt in nordwestlicher Richtung auf der Backbordseite und ist schwer zu finden. Man kann in das Wrack vordringen, aber nur als sehr erfahrener Taucher und mit entsprechender Ausrüstung und Führungsleine. Man kann das ganze Wrack in 40 Minuten betauchen. Dies ist ein guter Tauchgang, wenn Nordwestwinde das Tauchen auf der anderen Seite der Insel vereiteln.

2 HMS JERSEY

★★

Lage: Am Eingang zum Grand Harbour.
Zugang: Durch Kalkara zu den Gebäuden aus dem Krieg unterhalb Fort Ricasola (über den Fußweg vom Parkplatz am Fort zu erreichen).
Bedingungen: Auf große vorbeifahrende Schiffe und Hafenverkehr achten. Das Gebiet ist der Dünung und dem Wind aus Nordost ausgesetzt.
Durchschnittliche Tiefe: 13–15 m
Maximale Tiefe: 18 m
Durchschnittliche Sicht: 6–10 m

Bei den Gebäuden am Ufer ins Wasser steigen, auf dem Wasser fast bis ans Ende des Wellenbrechers schwimmen (etwa 100 m), dann abtauchen und etwa 30 Minuten nach Kompass genau nach Norden schwimmen. Der Meeresboden ist überwiegend aus ebenem Sand und Steinschutt, aber mit einigen interessanten Felsblöcken und Fischen. Die Jersey lief bei der Einfahrt in den Grand Harbour auf eine Mine und sank; nur die Überreste des Bugs sind noch vorhanden.

3 THE SUBMARINE PEN

★★

Lage: An der Ecke nördlich des Fischmarktes von Valletta, Grand Harbour.

Zugang: Von den Stufen vor dem Fischmarkt etwas 90 m auf dem Wasser schwimmen.

Bedingungen: Ziemlich geschützt bei unterschiedlicher Sicht über einem Untergrund aus Fels und Pflanzen.

Durchschnittliche Tiefe: 10 m

Maximale Tiefe: 18 m

Durchschnittliche Sicht: 6 m

Im Zweiten Weltkrieg war ein mächtiger Einschnitt im Fels als U-Boot-Bunker im Gespräch, aber das Projekt wurde aufgegeben. Bei diesem Tauchgang sind Lampen zu empfehlen, damit man den Einschnitt und verschiedene Spalten erkunden kann, in denen heute Seepferdchen *(Hippocampus ramulosus)*, Schleimfische *(Lipophrys pholis)*, Gelbe Spitzkopf-Schleimfische *(Tripterygion xanthosoma)* und verschiedene Skorpionsfische leben. Der Meeresboden ist mit Kriegstrümmern übersät.

4 HMS MAORI

★★★

Lage: Vor dem Café am Eingang zur Werftbucht bei St. Elmo's Bay.

Zugang: Von den glatten Stufen und dem Betonsteg vor dem Café, 120 m nach Norden und 5 Minuten schwimmen, bevor man am Rand der Steilwand zum Wrack absteigt.

Bedingungen: Ziemlich geschützt, aber die Sicht ist problematisch, vor allem bei starkem Ostwind.

Durchschnittliche Tiefe: 13 m

Maximale Tiefe: 18 m

Durchschnittliche Sicht: 6 m

Die HMS Maori lief 1937 vom Stapel und hat einige Kämpfe vor Norwegen, im Atlantik und im Mittelmeer erlebt. Sie war letztlich verantwortlich für den Untergang der Bismarck und hat einige der Überlebenden aufgenommen; auf der Fahrt von Gibraltar war die Maori auch an einem erfolgreichen Angriff auf eine italienische Flotille beteiligt. Die in den Häfen von Malta liegenden Schiffe waren jedoch stets der Gefahr von Luftangriffen von Libyen aus ausgesetzt. Am Abend des 12. Februar 1942 erhielt die Maori einen Treffer in den Maschinenraum, und das Schiff begann langsam zu sinken. Da es ein Hindernis für die Schifffahrt war, wurde es „abgeräumt", die Geschütze wurden entfernt und es wurde abgewrackt. Der Bug und das gesamte Heck existieren nicht mehr, aber ein Teil der Brücke ist noch da, und von der Rückseite können Taucher relativ sicher und leicht in das Restwrack eindringen und es durch die großen Löcher auf der Steuerbordseite wieder verlassen. Aus den Trümmern und dem Schlamm ragen noch scharfe Granaten, die nicht angerührt werden sollten. Auch wenn die Maori versandet ist, beherbergt sie doch zahlreiche Fische, und am felsigen Hang kann man einige interessante Nacktschnecken und Kraken zwischen den Algen sowie Röhrenwürmer entdecken.

5 BARGE CAROLITA (CORAL)

★★

Lage: Am Anfang von Lazzaretto Creek und gegenüber dem alten Krankenhaus auf Manoel Island im Hafen Marsamxett.

Zugang: Vom Ufer beim Hundeheim oder von der Treppe, bevor man zum Royal Malta Yacht Club kommt.

Bedingungen: Ziemlich geschützt im Hafen, leidet jedoch unter östlichen Sturmwinden und starkem Niederschlag, die die Sicht unter Wasser fast auf Null bringen.

Durchschnittliche Tiefe: 12 m

Maximale Tiefe: 22 m

Durchschnittliche Sicht: 6 m

Der Frachter Carolita wurde wahrscheinlich mit einem U-Boot verwechselt und am Abend des 21. April 1942 von einem Torpedo am Heck getroffen. Das Schiff sank sofort und liegt jetzt an dem steilen Sandhang hinauf zum alten Marinekrankenhaus. Der Bug befindet sich in 6 m Tiefe, das Heck in 22 m – außer dem Frachter gibt es nichts zu erkunden; der Meeresboden besteht aus ganz feinem Sand, und die Sicht nimmt im Verlauf des Tauchgangs beständig ab. Das Deck ist flach, vorn gibt es zwei Luken (mit begrenz-

BUTTE [*BARBUN*]

Relativ häufige Bodenbewohner in den maltesischen Gewässern sind Augenfleckige Steinbutte (*Bothus podas*) und der Steinbutt (*Psetta maxima*), die bei Annäherung sofort das Weite suchen. Man sieht sie zwar auch auf Neptungraswiesen, sie bevorzugen jedoch weißsandigen Meeresboden vor allem in geschützten Buchten, wo sie sich mit einem Flossenschlag im Sand verstecken können, sodass nur die gestielten Augen herausschauen. Beide Arten werden von Delphinen gejagt.

UMWELTSCHUTZ

Damit Taucher nicht versehentlich die Meeresumwelt schädigen, sollten sie folgende Regeln beachten:

- Die zarten Meeresorganismen nicht mit Händen, Flossen, Flaschen oder ähnlichem berühren.
- Keine Meerestiere sammeln.
- Übergewicht vermeiden und an der richtigen Tarierung arbeiten.
- Keine Fische füttern.
- Darauf achten, dass die Instrumentenkonsole nicht über den Boden schleift.
- Nicht harpunieren.
- Meerestiere, etwa Seeigel, nicht umsetzen.

tem Zugang); der Zugang zum Maschinenraum erfolgt von unterhalb der Brücke oder durch das zerstörte Heck. Am Heck trifft man auf große, zutrauliche Gestreifte Zackenbarsche *(Epinephelus alexandrinus)*. Auf dem Rückweg zum Ausstiegspunkt stößt man auf weitere Überbleibsel aus Kriegstagen in Gestalt einer Schreibmaschine, von Betten und anderen sonderbaren Sachen, die aus dem nahen alten Krankenhaus ins Wasser geworfen wurden. Es sind Riffbarsche und einige Kraken zu sehen, aber ansonsten ist dies ein Trainingstauchgang und es sind immer einige Taucher unterwegs.

6 THE TENT PEG WRECK

★★

Lage: Im Hafen Marsamxett, südwestlich des Frachters Carolita (Nr. 5).
Zugang: Entweder von der Carolita nach Südwesten schwimmen oder direkt vom Ufer bei Ta'Xbiex aus.
Bedingungen: Ziemlich geschützt, die Sicht ist jedoch problematisch.
Durchschnittliche Tiefe: 20–25 m
Maximale Tiefe: 27 m
Durchschnittliche Sicht: 4 m
Der Meeresboden besteht aus welligem, feinem, weißem Sand und Schlick. Das Wrack, ein stählerner Frachtdampfer, liegt in einem kleinen Tal und ist völlig auseinandergebrochen; er beförderte normale Ladung, darunter hölzerne Zeltpflöcke. Die Meeresfauna ist in diesem Gebiet erstaunlich vielfältig.

7 THE SWIMMING POOL

★★★

Lage: Vor dem Meerwasser-Swimmingpool beim Club vor dem Hotel Preluna in Sliema.
Zugang: Erlaubnis des Clubs ist erforderlich. Zugang von der linken Ecke der Deichmauer mit einem mächtigen Schritt ins Wasser.
Bedingungen: Ziemlich ausgesetzt, aber ansonsten ein einfacher Tauchgang, ideal für Taucher, die noch lernen.
Durchschnittliche Tiefe: 8 m
Maximale Tiefe: 12 m
Durchschnittliche Sicht: 12 m
Das Riff neigt sich sanft nach Norden mit einigen flachen Überhängen, wo kleine Fische zu sehen sind. Es ist ein beliebtes Gebiet für die (verbotene) Harpunenfischerei der Einheimischen; rechnen Sie also nicht damit, große Fische zu sehen. Auf dem Rückweg zur Außenmauer des Swimmingpools an der Ostecke kommt man zu einem großen, sehr engen Naturbogen, davor ein Gewirr aus alten Versteifungskabeln und Beton. Der Ausstieg erfolgt über die wackelige Leiter an der Außenwand des Pools.

Taucher können die HMS Maori *(Nr. 4) leicht vom Ufer aus erreichen.*

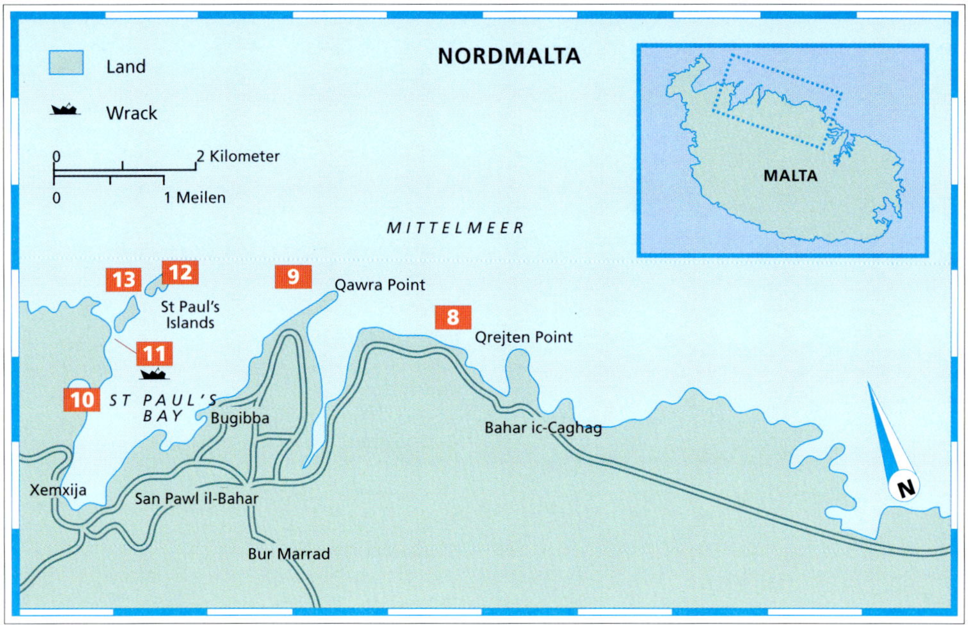

8 GHALLIS ROCK

★★★

Lage: Vor der Nordküste an der Küstenstraße zwischen Sliema und Bugibba. Am Turm von Qretjen Point vorbei, die Felsen sind etwa 100 m vom Ufer entfernt.

Zugang: Mit dem Boot, aber auch vom felsigen Ufer aus möglich.

Bedingungen: Ziemlich ausgesetzt, aber gegen den nordwestlichen Majjistral geschützt. In den flacheren Bereichen herrscht starker Bootsverkehr, also besondere Vorsicht walten lassen.

Durchschnittliche Tiefe: 8 m

Maximale Tiefe: 14 m

Durchschnittliche Sicht: 15 m

Dies ist ein leichtes Gebiet für Tauchneulinge bei einigen großen Felsen mit ausgedehnten Flächen Neptungras, mit Algen überwachsenen Felsen mit vielen Brassen und Lippfischen.

9 QAWRA REEF

★★★★

Lage: 500 m vor der Nordwestspitze von Qawra Point.

Zugang: Nur mit dem Boot, Ortskenntnis erforderlich.

Bedingungen: Sehr ausgesetzt; kann bei Strömung kabbelig sein.

Durchschnittliche Tiefe: 25 m

Maximale Tiefe: 50 m

Durchschnittliche Sicht: Über 30 m

Das Tauchboot kann über der Rifflippe in etwa 12 m ankern. Beim Abstieg an den algenbewachsenen Felsen gibt es fünf große Grotten zu erkunden, die 10 bis 12 m in die Felswand gehen. Die Grotten sind sicher zu betauchen; die Wände sind mit Rotalgen (Pseudolithophyllum expansum); und Moostierchen (Reteporella septentrionalis); bedeckt. Der Fahnenbarsch (Anthias anthias), der bei den Inseln als ziemlich selten gilt, ist in diesen Höhlen vor der Küste zu finden.

10 MISTRA BAY

★★★

Lage: Im westlichen Teil der St. Paul's Bay.

Zugang: Vom Strand.

Bedingungen: Gegen den winterlichen Majjistral geschützt, jedoch viele Schwimmer und Bootsverkehr möglich.

Durchschnittliche Tiefe: 5 m

Maximale Tiefe: 10 m

Durchschnittliche Sicht: 6 m

Ein Tauchgebiet für Anfänger, wenn schlechtes Wetter Tau-

HMS STUBBORN

Etwa 4,5 km nördlich von Qawra Point liegt die HMS *Stubborn*, ein britisches, in Birkenhead gebautes U-Boot. Es wurde als Sonarziel für die britische Marine versenkt und liegt fast aufrecht in 60 m Tiefe. Die Sicht ist im allgemeinen gut, da die Stelle sich weit draußen im Meer befindet. Der Tauchgang ist jedoch nur etwas für sehr erfahrene Taucher; vom Eindringen in das Wrack ist abzuraten.

chen am Marfa Point verhindert; eine seichte Wiese mit Neptungras nahe der Küste bei einer französischen kommerziellen Fischzuchtanlage, wo Meerbrassen für den ausländischen Markt gezüchtet werden. Das Gebiet weist folglich einige Verschmutzung auf.

11 ST PAUL'S WRECK

★★★★

Lage: Auf der Innenseite der St. Paul's-Inseln zwischen der küstennäheren Insel und der Küste.
Zugang: Mit dem Boot oder vom Ufer aus, man braucht allerdings einen geländetauglichen Wagen für die holprige Zufahrtsstraße.
Bedingungen: Ziemlich gut gegen nordwestliche Winde geschützt, kann bei Dünung jedoch kabbelig werden.
Durchschnittliche Tiefe: 6 m
Maximale Tiefe: 12 m
Durchschnittliche Sicht: 12 m
Das ist angeblich die Stelle, wo der heilige Paulus Schiffbruch erlitten hat. Von seinem hölzernen Boot ist nichts übriggeblieben, wohl aber einige Platten und Rippen eines alten Zerstörers im Flachwasser sowie die Überreste einer kleinen Fähre, die Kapitän Morgan 1984 als Attraktion für die Ausflüge mit seinem Glasbodenboot versenkt hat. Auch eine algenüberwucherte Christusstatue mit ausgestrecktem Arm ist in dem Gebiet zu bewundern, wenn auch ziemlich schwer zu finden. Der Meeresboden ist mit Neptungras bedeckt, dazwischen einige sandige Stellen.

12 OCTOPUS'S GARDEN (ST PAUL'S REEF)

★★

Lage: 5 Minuten mit dem Boot vom Hafen von St. Paul's zur Ostseite der äußeren der St. Paul's-Inseln.
Zugang: Mit dem Boot.
Bedingungen: Ziemlich gut vor den Nordwestwinden geschützt, aber sonst ziemlich ausgesetzt; bei Dünung an der Oberfläche kann es kabbelig sein.
Durchschnittliche Tiefe: 7 m
Maximale Tiefe: 25 m
Durchschnittliche Sicht: 12 m
Dies ist ein Rifftauchgang im offenen Meer. Der algenbewachsene felsige Grund und Felsblöcke bilden eine kleine Wand mit einem Steilhang. Die Fischfauna ist spärlich, da das Gebiet bei den heimischen Fischern beliebt ist, aber es gibt zahlreiche kleine Seeigel und Feuerwürmer *(Hermodice carunculata)*. Die Feuerwürmer sind gefräßige Räuber und Aasfresser, die tote und verwesende Seeigel, Quallen, Korallen und anderes mehr beseitigen.

Rechts: *Das Ausgebreitete Steinblatt* (Pseudolithophyllum expansum) *ist sehr zart.*

13 ST PAUL'S VALLEY

★★★

Lage: Zwischen den beiden St. Paul's-Inseln im nordwestlichen Teil des Kanals.
Zugang: Mit dem Boot.
Bedingungen: Die See kann bei starker Nordweströmung zwischen den Inseln kabbelig sein.
Durchschnittliche Tiefe: 12 m
Maximale Tiefe: 25 m
Durchschnittliche Sicht: 12 m
Das Boot ankert am Rand des Steilabfalls in 6 m. Man schwimmt ein kurzes Stück zu einer kleinen Wand, die weitere 3 m zum weißsandigen Grund abfällt. Der Grund ist durchsetzt mit Felsen und erhöhten Neptungras-Bänken, wo man Sepien und zahlreiche Lippfische findet. Achten Sie besonders auf das Seegras, in dem Sie die Kantige Seenadel *(Syngnathus phlegon)* entdecken können. Kleine Grundeln bewohnen den Raum zwischen Algen und Sandflächen, wo auch Eidechsenfische *(Synodus saurus)* häufig vorkommen.

Der tiefe Graben zwischen Westsizilien und Malta weist vermutlich den weltweit zweitgrößten Bestand an Weißen Haien auf. *Carcharodon carcharias* ist die Fressmaschine der Meere schlechthin, und die Angriffe durch diesen berüchtigten Menschenfresser beliefen sich im Mittelmeer in den 50er und 60er Jahren auf etwa fünf pro Jahr.

Sogar im Schwarzen Meer ist Fischern ein Weißer Hai ins Netz gegangen, nachdem er sowohl die Meerenge bei Cannakale als auch den Bosporus durchquert hat. Der letzte tödliche Unfall ereignete sich 1989 bei der Insel Elba, und zu einem Zwischenfall kam es 1998, als ein Weißer Hai 20 Kilometer vor der italienischen Adriaküste einen 20-Fuß-Kabinenkreuzer angriff. Die Welt-Naturschutz-Union hat festgestellt, dass die meisten Weißen Haie in einem Dreieck zwischen Sizilien, Malta und dem tunesischen Kap Bon gesichtet worden sind. Die Zahl der Haie scheint unglücklicherweise zurückzugehen, da auch der Bestand der Thunfische, ihrer Hauptnahrungsquelle, schwindet.

Gefangene Haie

Der Weiße Hai erlangte auf Malta erstmals 1956 Berühmtheit, als Jack Smedley, ein Lehrer, der für die britische Marine arbeitete, vor der St. Thomas Bay getötet wurde. Sein Körper wurde nie gefunden. Auch wenn über viele Jahre Geschichten umliefen, erfuhr der Weiße Hai doch erst 1964 und vor allem 1973 Beachtung durch die Medien, als die Nachricht vom Fang eines 5,5 m langen Exemplars vor Malta die Runde machte. Der Fischer war Alfredo Cutajar, und es war damals der größte je im Mittelmeer gefangene Hai.

Alfredo wurde eine Art Lokalheld. 1977 fing er einen 7 m großen Weißen Hai, der nicht einmal in sein Boot passte. Dieser Hai wurde als der größte jemals auf der Welt gefangene Weiße Hai registriert, und Alfredo, der in seiner Heimat nun der „Sohn Gottes" hieß, galt als jemand, der Haie anzog. Auf Fotos von damals steckte Alfredo seinen Kopf in das Maul des toten Hais, der ihn einmal komplett hätte verschlingen können. Später erzielte Alfredo einen anderen Rekord, als er einen Blauhai fing – der im Mittelmeer äußerst selten ist und in maltesischen Gewässern noch nie gesichtet worden war.

John Abela, ein einheimischer Haiexperte beim European Shark Research Bureau, identifizierte Alfredos Rekordhai als ein 25 bis 30 Jahre altes Weißhaiweibchen, das kurz zuvor mit neun Jungen trächtig gewesen und nach der langen Trächtigkeit völlig ausgehungert war. Es war mit dem Männchen umhergezogen und dabei in Alfredos Fangschnüre geraten. Als es in Marsaxlokk an Land gezogen und aufgeschnitten wurde, fand man in seinem Innern einen 2 m großen Delphin, einen 2 m großen Blauhai und eine Meeresschildkröte.

Weisse Haie auf dem Rückzug

In maltesischen Gewässern hat man seitdem junge Weiße Haie gefangen, und vor Tunesien werden immer wieder Männchen und Weibchen gefangen, doch hört man solche Meldungen immer seltener. Die Haie leben offenbar zunehmend in tieferen küstenfernen Gewässern, wo sie vermutlich Delphine jagen, ebenfalls eine Art des offenen Meeres. Weiße Haie gelten als so selten,

dass man beim Tauchen wahrscheinlich nie ein Exemplar zu Gesicht bekommt.

Vor kurzem ist eine internationale Kampagne zum Schutz der Haie und ihrer Erforschung gestartet worden. Informationen sind erhältlich bei: ... Weitere Kontakte:
sharktrust@naturebureau.co.uk;
http://ds.dial.pipex.com/sharktrust/

Zur Bestimmung der Haie empfehlen wir den Band »Haie und Rochen« aus der Edition Naglschmid, den Sie auch im Literaturhinweis finden. Weitere Hinweise und tolle Haiposter finden Sie unter http://www.divemaster.de im

Links: *Alfredo Cutajar fing 1977 diesen 7 m langen Weißen Hai.*
Oben: *Der Weiße Hai ist eines der letzten großen Raubtiere der Erde.*

Internet. Ebenso finden Sie ausführliche Informationen im Internet unter
http://www.haifisch.de und
http://www.elasmo.de oder bei
http://www.hai.ch.

Australien, Südafrika und die USA haben die weißen Haie als vom Aussterben bedrohte Arten bereits unter Schutz gestellt.

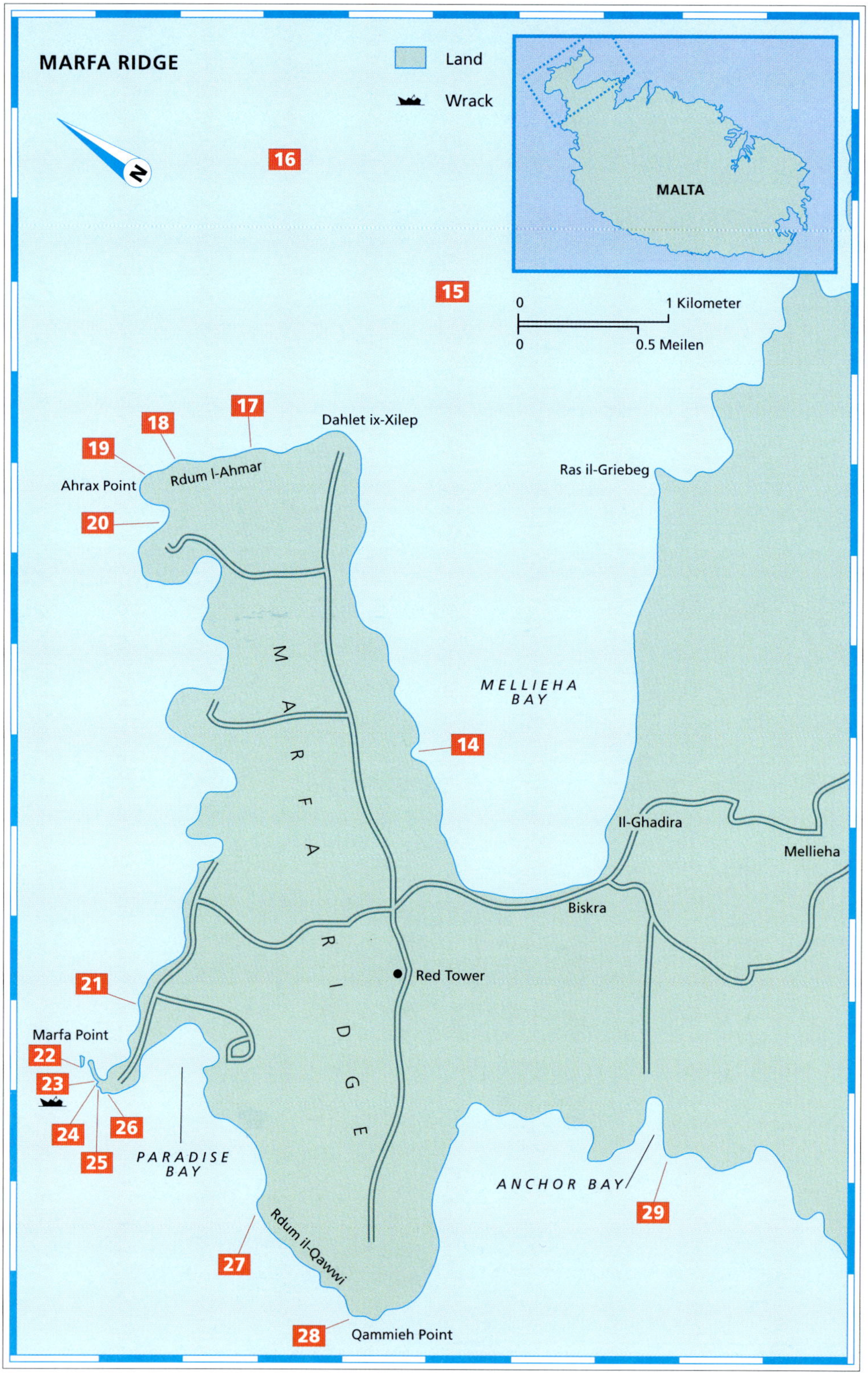
MARFA RIDGE
Land
Wrack
N
MALTA
0
1 Kilometer
0
0.5 Meilen
16
15
17
18
19
20
Dahlet ix-Xilep
Rdum l-Ahmar
Ahrax Point
Ras il-Griebeg
MELLIEHA BAY
MARFA RIDGE
14
Il-Ghadira
Mellieha
Biskra
Red Tower
21
Marfa Point
22
23
24
25
26
PARADISE BAY
ANCHOR BAY
29
27
Rdum il-Qawwi
28
Qammieh Point

14 SLUG'S BAY

★★★

Lage: Vor dem Südufer unmittelbar nördlich des Mellieha Bay Hotels in der Mellieha Bay.
Zugang: Vom Ufer.
Bedingungen: Ziemlich gut vor nördlichen Winden geschützt, bei Südostwind kann die Sicht jedoch total kippen.
Durchschnittliche Tiefe: 4 m
Maximale Tiefe: 8 m
Durchschnittliche Sicht: 15 m

Dieses Gebiet wird vorwiegend von Aquaventure zu Trainingszwecken genutzt und vermittelt vielen Tauchern den ersten Eindruck vom Mittelmeer. Es ist vielseitig, attraktiv und auch bei Nacht interessant. Der Grund im Flachwasser ist mit Steinen und Neptungras bedeckt, und es gibt Kraken in großer Zahl. Links (im Osten) befindet sich ein kleiner Bogen; dort beginnt eine Höhle, die immer irgendwelche interessante Fische und Wirbellose beherbergt. Man trifft auf Muränen und auch auf zahlreiche Mönchsfische *(Chromis chromis)*.

15 GURBEL REEF

★★★

Lage: Direkt am Ausgang der Mellieha Bay, zwischen Dahlet ix-Xilep und Ras il-Griebeg, etwa 5 Minuten mit dem Boot.
Zugang: Mit dem Boot.
Bedingungen: Ziemlich ausgesetzt, kann bei Dünung kabbelig werden.
Durchschnittliche Tiefe: 15 m
Maximale Tiefe: 25 m
Durchschnittliche Sicht: 15 m

MURÄNEN [*MORINA*] UND MEERAALE [*GRINGU*]

Muränen (*Muraena helena*) kommen in den Steilküsten recht häufig vor, sind aber ziemlich scheu und meist nur nachts zu sehen. Sie hausen in Spalten tiefer Felsen und in Wracks. Die Muränen im Mittelmeer, die nicht mit den Meeraalen (lange Rückenflosse) verwechselt werden sollten, haben ein schönes goldenes Muster, das von kleinen Punkten um den Kopf bis kräftigen senkrechten Streifen und goldenen Flecken reicht.

Meeraale (*Conger conger*) leben in Wracks und Grotten und unter Überhängen. Sie sind ziemlich neugierig und gesellig und kommen oft hervor, um zu schauen, wenn man sich ihnen nähert. Meeraale gibt es im gesamten Mittelmeer, im Schwarzen Meer und bis hinauf nach Island und zu den Azoren im Westen. Die nachtaktiven Raubfische werden bis über 3 m lang und können recht bedrohlich aussehen. Sie sind mattgrau.

Der Name dieses Riffs im offenen Meer ist von der maltesischen Bezeichnung für den Adlerfisch *(Argyrosomus regius)* abgeleitet, der hier in großer Zahl vorkommt. Inmitten großer und kleiner Felsblöcke gibt es einige ungewöhnliche Felsformationen, die überreich mit Algen bedeckt sind. Die Meersau *(Scorpaena scrofa)* ist reichlich vertreten, ebenso sind es Meerbarbenkönige *(Apogon imberbis)*, Streifenbarben *(Mullus surmuletus)* und Goldstriemen *(Sarpa salpa)*.

16 THE WHITE REEF (HOOFER'S REEF)

★★★★

Lage: 2,5 km nordöstlich von Rdum L-Ahmar, an der Ostseite des Marfa Ridge, auf das aufragende Riff Sikka l-Bajda (The White Reef) zu.
Zugang: Nur mit dem Boot.
Bedingungen: Vorgelagertes Riff im offenen Meer; mit Dünung und kabbeliger See muss gerechnet werden, dazu leichte Strömung. Selten betaucht.
Durchschnittliche Tiefe: 15 m
Maximale Tiefe: 25 m, jenseits der Steilwand jedoch über 70 m
Durchschnittliche Sicht: 30 m

Dieses Riff im offenen Meer, das bis 12 m unter die Oberfläche aufsteigt, ist ein kompakter, bisher noch weitgehend unerforschter Felsrücken. Da es für die meisten kleineren Fischerboote zu weit draußen liegt, gibt es dort Bernsteinmakrelen, Meerbrassen, Papageifische und Zackenbarsche in großer Zahl. Das Riff beherbergt außerdem unzählige Eisseesterne *(Marthasterias glacialis)* und Mittelmeer-Haarsterne *(Antedon mediterranea)*.

17 SMUGGLER'S COVE

★★★★★

Lage: Vor der Ostspitze des Marfa Ridge.
Zugang: Mit dem Boot.
Bedingungen: Ziemlich gut vor Nordwestwinden geschützt.
Durchschnittliche Tiefe: 6 m
Maximale Tiefe: 15 m
Durchschnittliche Sicht: 15 m

Dieses von Aquaventure so getaufte Gebiet verspricht einen leichten Tauchgang zu einem flachen sandigen Grund, der mit Felsen und Neptungrasbänken durchsetzt ist. Wenn man weiter hinaus ins Meer schwimmt, findet man den Grund mit sehr viel größeren, algenbewachsenen Blöcken übersät und überall Seeigel, Seesterne und Feuerwürmer. Auf der küstennahen Seite liegt in 3 m Tiefe eine große Grotte, die hinten einen kleinen Durchlass zum Hinausschwimmen hat. Im gesamten Gebiet kommen zahlreiche Riffbarsche sowie verschiedene Brassenarten, Ähren- und Papageifische vor.

MOOSTIERCHEN

Moostierchen werden fälschlicherweise oft für eine Korallenart gehalten. Trugkorallen (*Myriapora truncata*) kommen in maltesischen Höhlen und an anderen schattigen Orten sehr häufig vor, etwa an den senkrechten Spalten und Wänden der Nordwestküsten. Die orangefarbenen bis dunkelroten Moostierchen ähneln echten Geweihkorallen und brechen leicht ab. Besonders empfindlich sind Meerspitzen-Moostierchen (*Reteporella septentrionalis*), die schon von einer Luftblase zerstört werden können. Taucher sollten nicht zu oft in Höhlen und Grotten eindringen, da die sich an der Decke sammelnde Atemluft größerer Gruppen die dort lebenden Tiere töten kann.

18 RDUM L-AHMAR (RED CLIFFS)

★★★★

Lage: Bei Ahrax Point.
Zugang: Hinunter zur Ahrax Bay fahren, dann nach rechts den Hügel hinauf (geländegängiger Wagen ratsam). Nach etwa 90 m nadelscharfem Fels und Spalten genau nach Osten zu einem kleinen Flecken mit bewachsenem Fels laufen.
Bedingungen: Ausgesetzt, aber der Mühe wert. In den Sommermonaten auf Bootsverkehr achten.
Durchschnittliche Tiefe: 25–35 m
Maximale Tiefe: 36 m
Durchschnittliche Sicht: Über 30 m

Aufgrund des schwierigen Zugangs selten betauchtes Gebiet mit vielen mächtigen Felsen, die Durchlässe bilden. Hier begegnet man oft großen pelagischen Fischen wie Bernsteinmakrelen *(Seriola dumerili)* und Adlerrochen *(Myliobatis aquila)*. In größerer Tiefe, wo die Felsen Schutt und Sand weichen, kann man Zackenbarsche finden.

19 DRAGONARA CAVE (CORAL GROTTO) (AHRAX POINT)

★★★★★

Lage: Vor der Nordwestspitze des Marfa Ridge.
Zugang: Mit dem Boot, aber auch von Ufer zu erreichen, allerdings mit einem langen, mühsamen Marsch.
Bedingungen: In der Hauptgrotte ziemlich geschützt, aber bei Wetter aus Südost starke Dünung möglich.
Durchschnittliche Tiefe: 7 m
Maximale Tiefe: 18 m
Durchschnittliche Sicht: 30 m

Dies ist ein bei Fotografen beliebtes Tauchgebiet, da es aus der Grotte heraus einige außergewöhnliche Ausblicke gibt. Das Boot ankert in etwa 10 m, dann schwimmt man ein kurzes Stück zur Außenseite der Grotte. Von hier öffnet sich in 5 bis 7 m Tiefe ein Tunnel auf eine kleine Innengrotte, die Tageslicht einlässt. Da sie fast völlig landumschlossen ist, ist das Wasser hier drinnen oft einige Grade wärmer als draußen, was das Korallenwachstum fördert: Es gibt Sternkorallen *(Astroides calycularis)* und Trugkorallen *(Myriapora truncata)* im Überfluss, außerdem Röhrenwürmer und Seesterne in vielen Arten.

20 AHRAX BAY

★★★

Lage: Vor der Nordostküste.
Zugang: Als Küstentauchgebiet beliebter, kann aber auch mit dem Boot angefahren werden.
Bedingungen: Ziemlich geschützt, bei Dünung kann die See jedoch kabbelig werden.
Durchschnittliche Tiefe: 9 m
Maximale Tiefe: 25 m
Durchschnittliche Sicht: 30 m

Dies ist eine wunderschöne Bucht mit ganz verschiedenen Lebensräumen, die vielen etwas bieten. Wenn man nach Osten (rechts) schwimmt, entdeckt man zahlreiche in den Kalkstein geschnittene Gullys. Sobald man um die Ecke kommt, fällt man in eine große, kesselartige Senke im felsigen Grund mit einem Luftloch auf der Innenseite, durch das man auftauchen kann. Schwimmt man weiter nach rechts, fällt die Wand nach und nach steil auf über 30 m ab. Wieder innerhalb der geschützten Bucht, weicht der algenbedeckte felsige Grund zunächst Neptungras und dann Schutt und feinem Sand, wo man Flughähne *(Dactylopterus volitans)* und sogar Himmelsgucker *(Uranoscopus scaber)* sehen kann. Zwischen den Algen kann man wie üblich Brandbrassen (Oblada melanura) und Grüne Lippfische *(Labrus viridis)* in großer Zahl entdecken.

21 MARFA BAY

★★★

Lage: Vor der Nordküste des Marfa Ridge bei ein paar Fischerhütten und einer abschüssigen Rampe.
Zugang: Vom Ufer auf die rechte Seite der Rampe und dann über einige große Felsen.
Bedingungen: Vor den schlimmsten Witterungsbedingungen geschützt und bei den Einheimischen beliebt zum Schwimmen und Schnorcheln.
Durchschnittliche Tiefe: 3 m
Maximale Tiefe: 6 m
Durchschnittliche Sicht: 12 m

Dies ist, nach einer kurzen Kraxelei über die Felsen, ein sehr leichtes Tauchgebiet. Große Neptungrasbänke enden als Flächen aus abgestorbenem Seegras, das sich in den glattgeschliffenen Kalksteingullys sammelt. Überall auf diesen Felsen sitzen Hunderte von Wachsrosen *(Anemonia viridis)* mit verschiedenen Grundelarten und Seespinnen, die auf Anemonen leben.

An den seichten Riffen leben farbenprächtige Skorpionfische wie dieser Scorpaena notata.

Sternkorallen (Astroides calycularis) *schmücken viele tiefere Wände und Grotten.*

22 CIRKEWWA ARCH

★★★

Lage: Vor der Westseite der Hafenmauer am Fährenterminal von Cirkewwa.

Zugang: Vom Ufer aus, entweder an der alten Stahlmole oder vom Mauerzugang mit einem Sprung ins Wasser.

Bedingungen: Vor Südostwinden geschützt, aber kabbelige See und auch Strömung sind möglich.

Durchschnittliche Tiefe: 15 m

Maximale Tiefe: 36 m

Durchschnittliche Sicht: 30 m

Bei diesem Bogen wird selten getaucht, denn die meisten Taucher liebäugeln mit dem Wrack der Rozi (Nr. 23) oder unternehmen leichtere Tauchgänge in diesem Gebiet. Der Bogen befindet sich an der Kante des schützenden Riffs, vom Steilabfall etwas zurückgesetzt. Es ist eigentlich eine Grotte, die oben ein großes Loch hat, sodass eine schmale Felsbrücke entsteht, unter der man gut hindurchtauchen kann. Der Bogen ist der eigentliche Höhepunkt des Tauchgangs, denn das übrige Riff besteht nur aus einem dicken Algengestrüpp und Neptungraswiesen.

23 THE TUGBOAT ROZI

★★★★

Lage: Unter 280° etwa 120 m direkt von der alten Stahlmole entfernt.

Zugang: Man springt beim alten stählernen Pier ins Wasser und schwimmt auf dem Wasser hinaus.

Bedingungen: Ziemlich gut vor Nordostwinden geschützt, bei starker Strömung kann die See jedoch kabbelig sein.

Durchschnittliche Tiefe: 30 m

Maximale Tiefe: 36 m

Durchschnittliche Sicht: 30 m

Die Rozi wurde 1992 versenkt, um den U-Boot-Touristen eine Unterwasserattraktion zu bieten. Die U-Boot-Touren gibt es nicht mehr, aber der schöne kleine Schlepper liegt nach wie vor inmitten von Felsen aufrecht auf dem Sandboden. Das Schiff wird allmählich besiedelt und ist überall zugänglich. Tausende von Fischen umschwirren es, wobei Riffbarsche, Meerbrassen und Ährenfische vorherrschen. Außerdem sieht man Bernsteinmakrelen *(Seriola dumerili)* und Pelamiden *(Sarda sarda)*, die auf die Schwärme der kleinen Fische „losschießen". Der ebene sandige Boden um das Wrack ist mit riesigen Goldrosen bedeckt *(Condylactis aurantica)*. Zurück zum Ufer schwimmt man an einem großen, aus dem Sand ragenden Anker vorbei zur abfallenden Mauer, wo man auf den ersten mehrerer kleiner Tunnel stößt, die schließlich zum Eingang des Marfa Point führen.

STACHELMAKRELEN [*SAWRELLA*]

Bernsteinmakrelen (*Seriola dumerili*) [*Accjola*] sind sehr häufig und oft zu sehen, wenn sie in kleinen Jagdgruppen zwischen die Mönchsfische und Ährenfische fahren. Bonitos (*Sarda sarda*) [*Plamtu*] sind im tieferen Wasser und an küstenfernen Felsen zu finden, wo sie Sardinenschwärme angreifen. Goldmakrelen (*Coryphaena hippurus*), hier *Lampuka* genannt, erscheinen von September bis Januar regelmäßig auf maltesischen Speisekarten, wenn diese schnellen Fische in großen Schwärmen die Gewässer um die Inseln aufsuchen. Die Fischer locken die Goldmakrelen mit großen Flößen an, die einen Schatten ins Wasser werfen. Die Fische verbergen sich gern unter diesem Schatten und werden, sobald sich genügend gesammelt haben, mit einem Beutelnetz gefangen.

24 MARFA POINT (THE MADONNA)

★★★★★

Lage: Direkt vom Eingang zum Marfa Point hinaus und an der Mauerecke auf 18 m hinunter.

Zugang: Vom Ufer.

Bedingungen: Immer Betrieb und gut vor Nordostwinden geschützt, es kann jedoch kabbelig werden.

Durchschnittliche Tiefe: 12 m

Maximale Tiefe: 18 m

Durchschnittliche Sicht: 18 m

Der Amphibians Diving Club hat hier in einer kleinen Naturgrotte in 18 m Tiefe eine Madonnenstatue aufgestellt. Die Felsen ringsum sind mit zahllosen Feuerwürmern *(Hermodice carunculata)* bedeckt, die sich von kleinen Seeigeln und Quallen ernähren. Wenn man von der Statue weiter hinausschwimmt zur Spitze, kommt man an mehreren sehr schönen Überhängen vorbei, die mit Gelben Krustenanemonen *(Parazoanthus axinellae)* überzogen sind. Sie führen zu einem ziemlich großen Durchlass, der die ganze Landspitze durchquert und von Tauchern durchschwommen werden kann. Das Flachwasser beherbergt einige Kraken.

25 MARFA CENTRAL (THE TRAINING POOL)

★★★★★

Lage: Vom Eingang zum Marfa Point hinaus und nach links.

Zugang: Vom Ufer.

Bedingungen: Viel Betrieb, aber ziemlich gut vor den Nordostwinden geschützt.

Durchschnittliche Tiefe: 6 m

Maximale Tiefe: 18 m

Durchschnittliche Sicht: 18 m

Eines von mehreren Tauchgebieten der Gegend, das durch den beabsichtigten Hafenausbau bedroht ist. Leichtes Küstentauchgebiet, das bequemen Zugang über eine Betonrampe bietet. Man kommt in das erste von zwei kleinen Tälern, wo ein Großteil des Tauchtrainings erfolgt. Wenn man weiter nach links ins Meer hinaus schwimmt, erreicht man den Mauerrand mit einem großen überhängenden Schelf, wo sich in großer Zahl Meerbarbenkönige *(Apogon*

Der Schlepper Rozi, *1992 gezielt versenkt, ist heute ein Magnet für Taucher (Nr. 23).*

imberbis) versammeln. Schwimmt man weiter um diese Landspitze, stößt man an der nächsten Ecke zur Rechten auf einen waagerechten Spalt, wo Muränen *(Muraena helena)* und Scherengarnelen *(Stenopus spinosus)* zu beobachten sind. Dieser Spalt läuft zu einer großen Höhle mit vier schmalen Ausgängen, wo man großartige Fotos machen kann.

26 PARADISE BAY

★★★★★

Lage: Vor dem Südwestende von Marfa Point und der Landspitze und vor der südlichen Mole.
Zugang: Vom Ufer.
Bedingungen: Vor Nordostwinden geschützt, aber an der Einstiegsstelle kann Brandung herrschen, sodass Taucher besser am Eingang zum Marfa Point aussteigen.
Durchschnittliche Tiefe: 6 m
Maximale Tiefe: 18 m
Durchschnittliche Sicht: 18 m

Man muss unangenehm über spitzen Fels südlich vom Parkplatz laufen. Die felsige Küste an der Hafenmauer ist rauh und weist Tümpel mit stehendem Wasser auf, aber sobald man im Wasser ist, fällt das felsige Riff zwischen umherliegenden, mit Neptungras bedeckten Felsen ab. Der Tauchgang geht weiter um die Landspitze herum nach rechts (Norden) und folgt der Wandkante. Im Flachwasser wimmelt es immer von jungen Riffbarschen und Ährenfischen.

27 RDUM IL-QAWWI (ROUGH CLIFFS)

★★★★★

Lage: Nördlich von Qammieh Point.
Zugang: Über die Straße hinter dem Red Tower und dem Park am Ende oben am Kliff, mit Stufen und Fußweg über 500m. Der Einstieg ist an der abschüssigen Rampe in der Lagune.
Bedingungen: Ziemlich gut vor Nordostwinden geschützt, aber bei Nordwestwind verblasen.
Durchschnittliche Tiefe: 6–40 m
Maximale Tiefe: 45 m
Durchschnittliche Sicht: 30 m

Dieses Gebiet weist Dutzende kleiner Durchlässe unter den massigen Felsen auf, die an der Küste herumliegen. Hier findet man Gelbe Krustenanemonen *(Parazoanthus axinellae)* und verschiedene Schwämme, und auf den Neptungras-"Wiesen" tummeln sich kleine Lippfische. Die Bucht fällt schließlich auf sandige Flächen in 38 m Tiefe ab. Dieser Tauchgang ist die Kletterei wert, vor allem wegen der Bogen und Höhlen in 0 bis 10 m an der Küste.

28 DEVIL'S REEF

★★★★

Lage: Vor der Südwestspitze von Qammieh Point am Westende von Marfa.
Zugang: Mit dem Boot.
Bedingungen: Ziemlich gut vor Nordostwinden geschützt, kann aber bei starker Strömung kabbelig werden.
Durchschnittliche Tiefe: 30 m
Maximale Tiefe: Über 70 m
Durchschnittliche Sicht: 30 m

Dies ist ein aufregendes Tauchgebiet vor dem Riff, das südwestlich von Qammieh Point auf einige kleine Inseln direkt vor der Küste zuläuft. Ähnlich wie Reqqa Point auf Gozo (Nr. 5) fällt dieses Riff fast senkrecht bis zum Grund in 50 m ab und läuft dann sanft in tiefes Wasser aus. Auf der Südseite der Steilwand befindet sich eine alte Höhle, die eindeutig Reste von Stalaktiten zeigt, die jetzt unter Wasser liegen. Dies ist ein beliebter Platz, um Raubfische zu beobachten wie Europäische Barrakudas *(Sphyraena sphyraena)*, Zahnbrassen *(Dentex dentex)*, Bernsteinmakrelen *(Seriola dumerili)* und sogar Gelbe Makrelen *(Caranx hippos)*.

29 ANCHOR BAY

★★★★

Lage: Vor dem Südrand des neuen Piers in der Anchor Bay, gegenüber dem Popeye Village.
Zugang: Vom Ufer.
Bedingungen: Die Bucht ist gut geschützt, bietet aber sehr schlechte Sicht. Die Sicht wird jedoch beim Höhleneingang um die Ecke links (Süden) besser.
Durchschnittliche Tiefe: 6 m
Maximale Tiefe: 12 m
Durchschnittliche Sicht: 12 m

Die Bucht selbst ist ziemlich trist, aber sobald man um die Ecke schwimmt, kommt man zu einem mächtigen Felsblock an der Küstenwand. Er markiert den Eingang zur Höhle, deren Boden aus abgeschliffenen Steinen besteht. Die Wand rechts weist tausende kleiner Löcher auf, in denen Feuerwürmer, Garnelen und Seeigel leben. Die Höhle ist geräumig, und man kann sich unter einem schmalen Wulst weiter hineinwagen und wieder auftauchen, bevor man den gleichen Weg zurück nimmt. Es gibt sehr viele Schlangensterne und Höhlengarnelen *(Palaemon serratus)*, und im Frühjahr findet man hier auch die Riesen-Doris (Hypselodoris elegans).

Schwärme von Ährenfischen und Mönchsfischen sind ein besonders häufiger Anblick.

Einer der Gründe, warum Malta bei den Tauchern im Mittelmeer eine so hervorragende Stellung einnimmt, sind die zahlreichen Wracks in seinen Gewässern, insbesondere die, die infolge militärischer Aktionen im Zweiten Weltkrieg sanken. Die britische Marine nutzte die strategische Lage der Inseln bei der Planung ihrer Gegenangriffe auf die italienischen und deutschen Streitkräfte und hoffte, von den tiefen, sicheren, natürlichen Ankerplätzen bei Valletta profitieren zu können.

Im Hafenbereich von Valletta liegen einige Wracks, von denen die meisten ziemlich leicht zu erreichen sind, wie etwa die HMS *Maori*, der Frachtkahn *Carolita*, das „Zeltpflock-Wrack" (Tent Peg Wreck), die MV *Odile* und die HMS *Jersey*. Die HMS *Maori* und die *Carolita* sind am besten zugänglich und gelten als leichter Küstentauchgang.

Die HMS Maori wurde bei einem schweren Luftangriff auf Malta 1942 durch Bomben versenkt.

Die Malta-Wracks

Die HMS *Maori* sank am Abend des 12. Februar 1942 nach einem feindlichen Angriff, glücklicherweise ohne dass es Opfer gab. Das Wrack stellte viele Jahre eine Gefahr für die Schifffahrt dar; dann wurde das Schiff teilweise geborgen, der Rest praktisch dem Meeresboden gleichgemacht. Im Umkreis des Rumpfes liegen immer noch scharfe Granaten. Taucher haben relativ sicheren Zugang zur HMS *Maori* entweder durch das weitgehend zerstörte Heck oder durch die großen Löcher auf der Steuerbordseite. Innen ist das Schiff voller Sand und Schlick, den man als Taucher möglichst nicht aufwirbeln sollte.

Der Frachter *Carolita* liegt gegenüber dem alten Marinehospital auf der Insel Manoel im Hafen Marsamxett in nur maximal 22 m Tiefe. Der Frachter sank nach einem Treffer ins Heck durch ein deutsches U-Boot am Abend des 21. April 1942. Auf dem Meeresboden liegen aus den Fenstern des Krankenhauses geworfene Gegenstände herum.

Die MV *Odile* wurde im Krieg bombardiert und in den 70er Jahren „geborgen" (man hatte das Wrack ursprünglich für das der HMS *Abingdon* gehalten). Das Wrack ist interessant, wenn auch ziemlich stark zerstört, und man muss auf die scharfkantigen Metallteile achten, die die Ausrüstung beschädigen können. Ein Vordringen in das Wrack ist nicht zu empfehlen.

All diese Schiffe sind gut dokumentiert, aber es hat in jüngerer Zeit einige geheimnisvolle Funde gegeben wie das Wrack eines Bombers südöstlich von Malta, das von Sport Diving Ltd. entdeckt wurde. Die Geschichte des Wracks ist noch längst nicht geklärt, und es bedarf noch einiger Nachforschungen zur Identifizierung des Flugzeugs. Die Tiefe, in der der Bomber liegt, macht ihn nur für erfahrene Taucher zugänglich.

Es gibt auch einige sehr tief liegende Wracks wie die HMS *Stubborn*, ein intaktes U-Boot in 60 m, und die HMS *Southwold*, einen Kreuzer in 70 m Tiefe. Sie werden nur gelegentlich aufgesucht und nur von Tauchern mit entsprechender Erfahrung, die die notwendigen Sicherheitsvorkehrungen beachten.

Die Überreste dieser alten Kriegsschiffe beherbergen inzwischen ein erstaunlich vielfältiges Meeresleben, darunter Röhrenwürmer, kleine Fischschwärme und winzige Korallen, und sind faszinierend zu erkunden.

30 M'TAHLEB

★★★★

Lage: Vor der Südküste am Ende der Straße, die nach Rdum tas-Sarg führt, nördlich der Ras id-Dawwara Bay.
Zugang: Mit dem Boot, aber auch vom Ufer zu erreichen.
Bedingungen: Ein anstrengender Tauchgang mit einem langen Fußmarsch hinab vom einzigen Parkplatz oben auf dem Hügel; Ein- und Ausstieg sind nur bei besten Meeresbedingungen möglich.
Durchschnittliche Tiefe: 30 m
Maximale Tiefe: Über 70 m
Durchschnittliche Sicht: Über 30 m

GARNELEN [*GAMBLU*]

Die Scherengarnele (*Stenopus spinosus*) des Mittelmeers, eine Verwandte der tropischen Rotweiß-gebänderten Scherengarnele (*Stenopus hispidus*) aus der Karibik und dem Indopazifik, ist eine der Arten, auf die man meistens beim Nachttauchen stößt, vor allem beim Marfa Point auf Malta. Es ist eine farbenprächtige kleine Garnele mit langen Zangen und wogenden, weißen Antennen, die einem als erstes ins Auge fallen. Sie sammeln sich in Höhleneingängen und putzen Meeraale und Muränen. Die Höhlengarnele (*Palaemon serratus*) findet sich häufig in großer Zahl in vielen Höhlen, vor allem in der bei der Anchor Bay auf Malta.

Dies ist aufgrund des schwierigen Zugangs ein noch recht intaktes Tauchgebiet – 300 m über felsiges Gelände nach unten klettern mag noch angehen, aber das nach einem Tieftauchgang wieder hinaufsteigen, ist eine andere Sache. Das Gebiet lockt mit Steilwänden, Bändern, Höhlen, sowie mit Lippfischen, Papageifischen, Riffbarschen und Ährenfischen in großer Zahl. In den Algen sind die verschiedensten Wirbellosen zu Hause.

31 MIGRAH FERHA (HAPPY WELCOME) (THE STEPS)

★★★★★

Lage: Vor den Dingli Cliffs an der Südwestküste.
Zugang: Mit dem Boot, oder über eine lange Stiege aus 152 Stein- und Felsstufen hinab. Man sollte sich vor dem Gang ins Wasser vergewissern, dass der Ausstieg gesichert ist, da die Gezeitenbrandung ihn unmöglich machen kann.
Bedingungen: Ausgesetzt, aber vor Ostwinden geschützt.
Durchschnittliche Tiefe: 40–60 m
Maximale Tiefe: Über 60 m
Durchschnittliche Sicht: 45 m
Dies ist spektakuläres Steilwandtauchen samt einer Kraxelei,

Flabellina affinis *ist eine der farbenprächtigsten Mittelmeer-Nacktschnecken.*

RIFFBARSCHE [CAWLA]

Mönchsfische (*Chromis chromis*) gehören zur Familie der Pomacentridae. Sie kommen in den maltesischen Gewässern sehr häufig vor, sind klein und oval und bilden große Schwärme, die sich vom Plankton im Wasser ernähren. Die Jungen sind königsblau, nehmen dann aber allmählich ein stumpfes Graugrün an.

die den Ungeübten zum Schnaufen bringt. Beim Einstieg ist das Wasser 8 m tief, von dort schwimmt man nach Südosten. An der Wand gibt es einen Bogen und in 12 m Tiefe eine Höhle, die im Innern bis auf 4 m unter die Oberfläche aufsteigt und oben oft eine Schicht Süßwasser hat. Im offenen Meer kann man Barrakudas, Stachelmakrelen, Thunfische und Adlerrochen beobachten. Die sehr selten betauchten Steilwände stürzen so tief ins Wasser wie sie nach oben aufragen. Große Braune Zackenbarsche *(Epinephelus guaza)* sind häufig, genau wie Sägebarsche *(Serranus cabrilla)* und die vielen Lippfisch- und Brassenarten. Nach dem Tauchen empfiehlt es sich, ganz langsam zurückzusteigen. Graf Roger der Normanne betrat Malta an dieser Stelle und nannte sie „Glücklicher Empfang", so schlimm kann die Kletterei also nicht sein.

32 GHAR LAPSI

★★★★★

Lage: Westlich von Ras Hanzir, vor der Südküste bei den Mnajdra Tempeln.

Zugang: Zugang vom Ufer über eine Leiter, dann mit einem Riesenschritt ins Wasser. Die abschüssige Rampe ist mit Algen bewachsen und glitschig, Taucher müssen also aufpassen.

Bedingungen: Ziemlich gut vor Nordostwinden geschützt, bei schlechtem Wetter können in der Höhle jedoch geringe Sicht und Dünung herrschen.

Durchschnittliche Tiefe: 6 m

Maximale Tiefe: 15 m

Durchschnittliche Sicht: 12 m

Ein bei Tauchlehrern beliebtes Gebiet, die bei einer sicheren, seichten Höhle einsteigen können, die durch die Landspitze geht, in etwa 3 m Tiefe beginnt und an einer wulstigen Wand in 6 m an einem großen, algenbedeckten Steinhaufen am Eingang herauskommt. In der Höhle sieht man einige interessante Schwämme und Moostierchen, außerdem den kleinen gelben Bohrschwamm *(Cliona celata)* sowie den Glatten Geweihschwamm *(Axinella verrucosa)*. Draußen vor der Höhle wachsen Neptungras und verschiedene Algen.

NACKTSCHNECKEN [*SERDUR IL-BAHAR*]

Nacktschnecken, die man selten zu Gesicht bekommt, sind im Grunde Weichtiere, die keine Gehäuse mehr bilden (die wissenschaftliche Bezeichnung „Nudibranchia" bedeutet „Nacktkiemer"). Sie tragen die exponierten Kiemen wie blattähnliche Fortsätze auf dem Rücken. Nacktschnecken ernähren sich vor allem von Hydrozoen und kleinen Anemonen, deren Nesselzellen ihnen nichts anhaben können. Einige Arten speichern die Nesselzellen im Körper und nutzen sie zur Verteidigung. Fast alle sind auffällig bunt, eine Warnung an Fressfeinde, dass sie ungenießbar oder giftig sind. Die Violette Fadenschnecke (*Flabelina affinis*) ist lebhaft gefärbt und ernährt sich von Hydrozoen. Die Riesen Doris (*Hypselodoris elegans*); ist häufig auf Matten aus Krustenalgen zu finden.

33 WRECK UM EL FAROUD

★★★★★

Lage: 140 m südwestlich der Landspitze Wied iz-Zurrieq.
Zugang: Vom Ufer oder mit dem Boot.
Bedingungen: Vor Nordostwinden geschützt, aber anderen Dünungswellen ausgesetzt; man muss mit vom Heck zum Bug laufender Strömung rechnen.
Durchschnittliche Tiefe: 25 m
Maximale Tiefe: 34 m
Durchschnittliche Sicht: 18 m

Die im September 1998 versenkte, vom Unglück verfolgte Um el Faroud hatte davor drei Jahre im Hafen von Valletta gelegen, nachdem bei einer Explosion an Bord neun maltesische Werftarbeiter ums Leben gekommen waren. Jetzt liegt das Schiff mit einer Erinnerungstafel versehen in 32 m Tiefe aufrecht auf dem sandigen Meeresboden, die letzte Errungenschaft des maltesischen Kunstriff-Programms. Der 110 m lange 10.000-Tonner ist ein imposanter Anblick. Die Brücke liegt in 15 m Tiefe, das Deck in 25 m. Man kann überall in das Wrack eindringen, es ist innen allerdings noch nicht vollkommen gesichert. Es sollten also nur entsprechend geschulte Taucher den Versuch wagen.

34 WIED IZ-ZURRIEQ (BLUE GROTTO)

★★★★★

Lage: Vor der Fährrampe an der Landspitze Wied iz-Zurrieq, wo die Fahrten zur Blue Grotto abgehen.
Zugang: Vom Ufer oder mit dem Boot.
Bedingungen: Ziemlich gut vor Nordostwinden geschützt, kann jedoch nach starken Regenfällen und bei Südwind verblasen werden. Vorsicht vor dem Bootsverkehr an der Oberfläche.
Durchschnittliche Tiefe: 9 m
Maximale Tiefe: 30 m
Durchschnittliche Sicht: 25 m

In dieser kleinen Bucht fahren Luzzus, die Touristen zur Blauen Grotte bringen. Nach einem großen Einstiegsschritt ins Wasser die Bucht hinaus zum Eingang durchqueren und nach rechts (Westen) schwimmen, um der Felswand zu folgen. Die erste Höhle liegt an der Ecke in 23 m Tiefe; dort sieht man große Mengen Meerbarbenkönige (Apogon imberbis). Die größere Höhle (oft auch Schöne oder Kaminhöhle genannt) liegt gleich um die Ecke in etwa derselben Tiefe. Sie hat drei kleine Eingänge, von denen einer ziemlich einfach zu passieren ist. Die Innenwände sind stark bewachsen. Zurück geht es auf demselben Weg in die Bucht.

35 FILFLA ISLAND

★★★★

Lage: Vor der Südküste.
Zugang: Mit dem Boot.
Bedingungen: Der südlichen Dünung ziemlich ausgesetzt. Mit kabbeliger See und starker Strömung ist zu rechnen.
Durchschnittliche Tiefe: 25 m
Maximale Tiefe: Über 70 m
Durchschnittliche Sicht: Über 30 m

Dieses Gebiet lässt sich in mehrere Tauchgänge rund um die Insel aufteilen. Die Insel, die im Zweiten Weltkrieg als Übungsziel diente, ist heute ein Naturschutzgebiet mit beschränktem Zugang. Tauchen ist nur mit einer Sondergenehmigung möglich, die nur begrenzt erteilt wird, sodass dieser Tauchgang sehr begehrt ist. Ein oder zwei Tauchschulen, darunter der lokale BSAC-Ableger, machen regelmäßige Besuche. Die Gewässer um die Insel sind jedoch mit Munition verseucht, und Taucher müssen aufpassen und sollten einen sicheren Abstand wahren.

36 DELIMARA POINT

★★★★

Lage: Vor der Südostspitze von Delimara an Marsaxlokk vorbei.
Zugang: Mit dem Boot, aber auch von den alten Salzpfannen auf der Landspitze möglich, wenngleich das nicht zu empfehlen ist.
Bedingungen: Ausgesetzt und bei Strömung kabbelige See möglich; kann nur bei praktisch idealen Bedingungen betaucht werden.
Durchschnittliche Tiefe: 12 m
Maximale Tiefe: 25 m
Durchschnittliche Sicht: 18 m

Die Sicht bei Delimara Point ist oft die beste der Inseln. Dieses ausgesetzte Gebiet liegt an der äußersten Südostspitze, um den flachen, keilförmigen Felsen vor der Landspitze herum. Von hier fällt die Wand auf etwa 12 m ab, wo man einen senkrechten Spalt entdecken müsste, der zwi-

Ein Purpurstern (Echinaster sepositus) *weidet Algen an der felsigen Küste ab.*

schen einigen mächtigen algenbewachsenen Felsen bis zum Grund läuft. Schwimmt man von der Spaltbasis nach links, kommt man zum Eingang einer Höhle, die durch einen Kamin bis hinauf zur Riffspitze führt. Seepapageien *(Sparisoma cretense)* und Schnauzenbrassen oder Pikarel *(Spicara smaris)* sind häufig anzutreffen, genauso wie große Riffbarschschwärme. Die Spaltwände sind üppig bewachsen.

37 BLENHEIM BOMBER

★★★★★

Lage: 800 m genau östlich von Xorb Il-Ghagin, vor der Südostküste, in 42 m Tiefe.
Zugang: Mit dem Boot.
Bedingungen: Ziemlich gut vor Nordostwinden geschützt, bei starker Strömung aber kabbelige See möglich.
Durchschnittliche Tiefe: 42 m
Maximale Tiefe: 42 m
Durchschnittliche Sicht: Über 30 m

Das Wrack dieses vergessenen Flugzeugs wurde von Sport Diving Ltd entdeckt und ist heute für jeden Malta-Taucher ein Muss. Man weiß nicht, ob dieser Bomber aus dem Zweiten Weltkrieg abgeschossen wurde oder ob die dreiköpfige Crew wegen eines Motorschadens notwassern musste. Der Motor und die Tragflächen sind intakt, aber der Vorderteil des Rumpfes ist abgerissen und liegt einige Meter vor dem Hauptwrack. Dies ist ein aufregender Tauchgang im offenen Meer, und die meisten maltesischen Tauchschulen besuchen das Gebiet, das jedoch wegen der Tiefe und des Zustands des Bombers dem erfahrenen Taucher vorbehalten ist.

38 WRECKS ST MICHAEL AND NUMBER 10

★★★

Lage: Südöstlich von Zonqor Point, am Eingang des Marsascala Harbour.
Zugang: Mit dem Boot.
Bedingungen: Vor Nordostwinden geschützt.
Durchschnittliche Tiefe: 21 m
Maximale Tiefe: 21 m
Durchschnittliche Sicht: 18 m

Diese beiden Wracks, beides Schlepper und 1944 gebaut, wurden 1998 nach einer umweltverträglichen Säuberung versenkt. Die St. Michael ist 20 m lang und in Kanada gebaut, die Number 10 ist 16 m lang. Zonqor Point wurde unter anderem aus dem Grund ausgewählt, weil der Meeresboden dort sauber und sandig ist und es keine Seegraswiesen gibt; die Wracks sollen zu dringend benötigten künstlichen Riffen werden. Das Imperial Eagle Underwater Marine Park Committee hat ein Überwachungsprogramm ausgearbeitet, um das Entwicklungstempo der Meeresfauna und -flora in diesem Gebiet zu steuern.

Malta

Wie man hinkommt

Mit dem Flugzeug: Air Malta bietet Verbindungen aus mehreren Ländern an, Lufthansa, Swissair, Alitalia, Aeroflot, Balkan Airways und Tuninter fliegen ebenfalls regelmäßig. Es gibt täglich Linien- und Charterflüge von Rom, Frankfurt, Moskau und anderen europäischen Städten.
Mit dem Schiff: Von Italien und Libyen bestehen regelmäßige Schiffsverbindungen nach Malta. Reiseveranstalter sind unter anderem Sea Malta und Virtu Steamship Company.

Wie man herumkommt

Es gibt auf Malta etwa 85 **Autovermieter**, von denen einige einen Schalter auf dem internationalen Flughafen haben. Die Kosten betragen ab 8 Lm pro Tag, je nach Saison und Wagentyp, bei ein- oder zweiwöchiger Mietdauer gibt es Sondertarife. Viele Taucher bevorzugen einen Kombiwagen, vor allem wenn sie auf eigene Faust tauchen.
Alamo Car Hire, Tel. (356) 238745. **Avis Car Rental**, Tel. (356) 235751. **Budget Rent-a-Car**, Tel. (356) 241517 (Sondertarif bei Flug mit Air Malta). **Hertz Car Rental**, Tel. (356) 314636. **Westminster Car Rental**, Tel. (356) 577172.
Malta hat ein ausgedehntes **Bus**netz. Der Hauptterminal liegt außerhalb des City Gate in Valletta. **Taxis** kann man ebenfalls mieten; sie stehen am Flughafen, an den Fährterminals und großen Hotels.

Wo man absteigen kann

Die meisten Hotels bieten alle üblichen Annehmlichkeiten, dazu Restaurant, Bar, Nachtclub und Sportmöglichkeiten. Da die Küste über weite Strecken felsig ist, gibt es nur wenige Strandhotels, aber die meisten haben Sonnenterrasse oder Swimmingpool, Snackbar und Wassersportmöglichkeiten.

Eden Beach Hotel, St. Augustine Rd, St. George's Bay STJ 06, Tel. (356) 341191, Fax (356) 341197, E-Mail: ebeach(@)maltanet.net. Liegt neben einem Kino und einer Bowlingbahn, hat einen ausgezeichneten Fitnessclub, verbunden mit Westin Lido and Sports.

Gillieru Harbour Hotel, Church Square, St. Paul's Bay SPB 01, Tel. (356) 573269, Fax (356) 572745. Einfach und sauber, schönes Dachrestaurant, zwischen dem Hotelviertel an der St. Paul's Bay und dem Meer.

Crown Plaza, Tigne St, Sliema SLM 11, Tel. (356) 341173, Fax (356) 311292, E-Mail: hotel(@)crowneplazamalta.com. Groß, unpersönlich, drei Restaurants, zwei Swimmingpools; Einrichtungen für Körperbehinderte.

Grand Hotel Mercure Selmun Palace, Selmun, Mellieha SPB 10, Tel. (356) 521040, Fax (356) 521060. Dicht bei der Cirkewwa und Anchor Bay. Essensbuffet, zwei Swimmingpools, Einrichtungen für Körperbehinderte.
Mellieha Bay Hotel, Ghadira, Mellieha SPB 10, Tel. (356) 573844, Fax (356) 576399. Direkt am Strand, drei Swimmingpools, Lido, verbunden mit Aquaventure Diving and Watersports Resort.

Ramla Bay Complex, Ramla Bay, Marfa SPB 10, Tel. (356) 573521, Fax (356) 575931, E-Mail: ramlabay(@)digigate.net. Auf der Nordseite, ideal für die Fähre und Tauchgänge im Norden. Eigene Tauchschule (achten Sie auf das umgebaute, blaue Feuerwehrauto). Privatstrand, Swimmingpool, Einrichtungen für Körperbehinderte.

Seabank Hotel, Marfa Rd, Mellieha Bay SPB 10, Tel. (356) 521460, Fax (356) 521635, E-Mail: seabank(@)digigate.net. Mit Blick über die Mellieha Bay, an einer belebten Kreuzung; sehr sauberes Restaurant neben Meldives.

Suncrest Hotel, Qawra Coast Rd, Qawra SPB 08, Tel. (356) 577101, Fax (356) 581166, E-Mail: info(@)suncresthotel.com. Riesiges Hotel, große Zimmer mit Meerblick, Restaurant rund um die Uhr geöffnet, Lido, eigene Tauchschule (saisonal).

Westin Dragonara Resort, Dragonara Complex, St. Julian's Bay STJ 02, Tel. (356) 377884, Fax (356) 378877. Internationales Ambiente, zwei Swimmingpools, Fitnessclub, Einrichtungen für Körperbehinderte, Zusammenarbeit mit Divewise Services.

Wo man essen kann

Alle oben genannten Hotels haben gute Restaurants. Wer sich selbst versorgt oder gern auswärts isst, hat reichlich Auswahl – bei der letzten Zählung gab es auf Malta etwa 700 Restaurants.

Barracuda, Main St, St. Julian's, Tel. (356) 331817.
Vornehmes Esslokal, hervorragender Service, aber ziemlich teuer.

Il Brigante, Ball St, Paceville, Sliema, Tel. (356) 311774.
Ausgezeichnetes Preis-Leistungsverhältnis, maltesische Spezialitäten, Kindergerichte zum halben Preis.

Coral Reef, gegenüber dem Suncrest Hotel, Qawra, Tel. (356) 577101.
Preiswert, hervorragende Nudelgerichte und Meeresfrüchte.

Marina Seafood Restaurant, Xatt is-Sajiieda, Marsaxlokk, Tel. (356) 871202.
Sehr gutes Preis-Leistungsverhältnis, viel Betrieb bei Aktionstagen.

Mullins, Church St, St. Paul's Bay, Tel. (356) 583473.
Spaghetti und Meeresfrüchte hervorragend, vernünftige Preise, aber viel Betrieb.

Rebekah's, Triq It-Tgham, Mellieha, Tel. (356) 521145.
Umgebautes Bauernhaus, Familienbetrieb, freundlich (keine Kinder unter 13).

Royal Overseas Café, St. Lucia St, Valletta, Tel. (356) 248632. Ausgezeichnete Pizzeria, Sandwiches, ein Lokalfavorit.

Trattoria, Tunny Net Complex, Marfa Rd, Mellieha Bay, Tel. (356) 521331, Fax (356) 521233.
Sehr gute italienische Küche, Fisch, Steaks und Teigwaren.

Trattoria Palazz, 43 Old Theatre St, Valletta, Tel. (356) 226611.
Ausgezeichnete italienische Nudelgerichte, guter Service, vernünftige Preise und absolut sauber.

The Winston, High St, Sliema, Tel. (356) 335800.
Fischspezialitäten, Teigwaren und einheimische Gerichte, im Sommer im Freien.

Taucheinrichtungen

Auf Malta gibt es 20 eingetragene Tauchschulen. Eine komplette Aufstellung ist bei den ausländischen Büros des Maltese Tourist Office erhältlich (vgl. Seite 16), oder bei der Federation of Underwater Activities auf Malta (FUAM), PO Box 29, Gzira, Malta.
Aquariggo Scuba Dving Centre, Preluna Beach Club, Tower Rd, Sliema SLM 01, Tel. (356) 330882, Fax (356) 380699.
Aquaventure Ltd, Mellieha Bay Hotel, Ghadira SPB 10, Tel. (356) 522141, Fax (356) 521053, E-Mail: aquaventure(@)maltanet.net.
Cresta Diving Club, Villa Rosa Beach Club, St. George's Bay, St. Julians, Tel. (356) 310743, Fax (356) 372589.
Derek's Scuba School, St. Geoge's Bay, St. Julian's, Tel./Fax (356) 337254.
Divecare, St. Julian's Aquatic Sports Club, G. Borg Oliver St, St. Julian's STJ 10, Tel. (356) 319994, Tel. und Fax (356) 341729, E-Mail: divecare(@)digigate.net.
Dive Med, 237 Zabbar Rd, Paola, Tel. (356) 690909, Fax (356) 666536, E-Mail: divemed(@)mail.link.net.mt.
Diveshack Scuba School, 14a Qui-Si-Sana Place, Qui-Si-Sana, Sliema, Tel. (356) 320594, Fax (356) 343958, E-Mail: info(@)diveshackscuba.com.
Dive Systems, Qui-Si-Sana Seafront, Tigne, Sliema, Tel. (356) 319123, Fax (356) 342024, E-Mail: divesys(@)digigate.net.
Divewise Services, Westin Dragonara Complex, Dragonara Road, St. Julian's, Tel. (356) 336441, Fax (356) 310708.
Maltaqua Diving Centre, Triton Court, Mosta Rd, St. Paul's Bay SPB 03, Tel. (356) 571873, Fax (356) 580064, E-Mail: maltaqua(@)pobox.com.
Meldives, c/o Seabank Hotel, Marfa Road, Mellieha Bay SPB 10, Tel./Fax (356) 552595, E-Mail: meldives(@)digigate.net.

North East Diving Services, Pebbles Lido, Qui-Si-Sana Seafront, Sliema, Tel. (356) 340506, Fax (356) 340511, E-Mail: dereknds(@)dream.vol.net.mt.
Octopus Garden Diving Centre, New Dolmen Beach Club, Qawra SPB 05, Tel./Fax (356) 582586.
Paradise Diving School, Paradise Bay Hotel, Cirkewwa, Tel. (356) 573981, Fax (356) 573115, E-Mail: pbh(@)million1.com.
Scubatech Diving Centre, Alka St, St. Paul's Bay, Tel. (356) 580617, Fax (356) 455916, E-Mail: scubatech(@)usa.net.
The Sharks, British Sub Aqua Club No. 1818, c/o Maltaqua, St. Paul's Bay, Kontakt über Jules Christians (Vorsitzender), Tel. (356) 314055, Ian Hulland (Tauchlehrer), Tel. (356) 577085.
Sport Diving, Trip il Qaliet, Marsascala, Tel. (356) 829292, Fax (356) 829418, E-Mail: sportdiv(@)digigate.net.
Strand Diving Services, Ramon Perellos St, St. Paul's Bay SPB 01, Tel. (356) 574502, Fax (356) 577480, E-Mail: strand(@)digigate.net.
Sub-Way Scuba Diving School, 39 Xemxija Hill, Xemxija SPB 15, Tel. (356) 580611, Fax (356) 573654, E-Mail: subway(@)maltanet.net.
Suncrest Diving Centre, c/o Suncrest Hotel, Qawra Coast Rd, Qawra SPB 08, Tel. (356) 577101, Fax (356) 581166, E-Mal: info(@)suncresthotels.com.

Filmentwicklung

Foto Vision, 10 Old Treasury St, Valletta VLT 04, Tel. (356) 221610, Fax (356) 236190. Auch bei: 87 Paola Square, Paola PLA 04, Tel. (356) 672079; 84 Valley Rd, B'Kara BKR 10, Tel. (356) 993529. Auch Dia-Entwicklung.
The Foto Grapher, St. Thomas St, Fgura PLA 14, Tel. (356) 661380, Fax (356) 809474. Auch Dia-Entwicklung.

Notfälle

Apotheken gibt es auf ganz Malta (oft mehrere in einer Straße). Für medizinische Notfälle existiert ein Hubschrauberdienst zum nächsten Krankenhaus und zur Druckkammer. Alle Dekompressionsunfälle werden so befördert.

Notfall	Tel. 196
Feuer	Tel. 199
Polizei	Tel. 191
Druckkammer	Tel. (356) 234766
St. Luke's Hospital	Tel. (356) 241251
	Tel. (356) 247860

Sehenswürdigkeiten

Valletta, die Hauptstadt Maltas, zwischen zwei großen Häfen gelegen und umgeben von stattlichen Festungen, sollte man nicht versäumen. Die Stadt ist wie ein Gitter angelegt, wobei acht Hauptstraßen von vielen schmalen, gestuften Nebenstraßen gekreuzt werden. Sehenswürdigkeiten sind der herrliche Palast der Großmeister, St. John's Co-Cathedral mit ihrem prächtigen Innenraum und einige Museen.
Zu den vielen **jungsteinzeitlichen Stätten** gehören die Tempel in Tarxien. Sie sollen aus der Zeit zwischen 3000 und 2500 v.Chr. stammen und weisen bemerkenswerte Steinmetzarbeiten auf. Anfahrt vom Bus-Terminal in Valletta mit dem Bus 11 und 26 (Haltestelle beim Polizeirevier Tarxien).
Mdina, zwischen mächtigen Mauern gelegen und zusätzlich durch einen trockenen Ringgraben geschützt, wurde von den Römern auf Überresten aus der Bronzezeit errichtet.
Die nur 4 ha große befestigte Stadt ist fast ausschließlich Fußgängerzone (bis auf die *karrozini* genannten Pferdekutschen) und wunderbar zu Fuß zu erkunden. Die Stadtmauer bietet überall Aussichtspunkte. Sehenswürdigkeiten sind die Barockkathedrale, Paläste, Kirchen, Museen, ein Kloster, kleine Plätze und einige prachtvolle maltesische Adelshäuser.
Eine organisierte Inselsafari mit Jeep ist eine interessante Möglichkeit (mit Abholung vom Hotel); man kann auch einen Rundflug mit dem Hubschrauber über die Inseln machen. Ausflüge veranstaltet **Captain Morgan's**, Dolphin Court, Tigné Seafront, Sliema, Tel. (356) 343373, Fax (356)332004, E-Mail: info(@)captainmorgan.com.mt.
In Hotels und Läden ist eine lokale Monatszeitschrift *What's On* erhältlich.

Karrozini

Karrozini sind traditionelle Pferdekutschen, die man an *Karrozini*-Ständen in Sliema, St. Julian's, Valletta und vor dem Tor von Mdina findet. Die Kutscher betreiben ihr Gewerbe seit etwa 1850, und einige Kutschen sind über hundert Jahre alt. *Karrozini* sind großartig für Rundfahrten, aber machen Sie immer zuerst den Preis aus (die Kutscher können sehr hart verhandeln).

Touristeninformationen

Tourist Information Centre, 1 City Gate, Valletta, Tel. (356) 237747.

Vor Marfa Ridge liegen viele besonders begehrte Tauchgebiete der Inseln.

In der römischen Mythologie wird der Wagen Neptuns von weißen Seepferdchen gezogen. Diese anmutigen Geschöpfe zählen zu den faszinierendsten Fischen im Mittelmeer. Als Mitglieder der Familie der Sygnathidae, die auch die Seenadeln und Fetzenfische umfasst, gehören sie zur Untergruppe Hippocampus (vom Griechischen *hippos*, Pferd, und *kampe*, Wurm oder Raupe).

Weltweit sind etwa 35 echte Seepferdchen-Arten beschrieben worden, wenngleich sehr viel mehr Mitglieder der Familie falsch bestimmt worden sind, was mit der Fähigkeit der Seepferdchen zu tun hat, wie ein Chamäleon die Färbung zu ändern. In europäischen Gewässern findet man zwei Arten: das Kurzschnäuzige Seepferdchen (*Hippocampus hippocampus*) und das Europäische-Seepferdchen (*Hippocampus ramulosus*). Letzteres ist das in maltesischen Gewässern häufiger vorkommende und heißt dort *Ziemel tal-bahar*.

Körperliche Eigenschaften

Ihre allgemeine Gestalt ist weithin gegenwärtig, mit einem pferdeartigen Kopf, der abgewinkelt auf dem Körper sitzt, einem zumeist kurzen, fetten Rumpf, der in einen langen Greifschwanz ausläuft. Die Schnauze ist lang und gerade; Körperringe tragen knochige Tuberkel, die dem Seepferdchen ein fast eckiges und höckeriges

Aussehen verleihen. Der Kopf ist oben und hinten mit fleischigen Fortsätzen bedeckt, die einer Pferdemähne ähneln und oft mit Algen- und Faserstückchen behaftet sind, was die Fähigkeit zur Tarnung noch erhöht. Seepferdchen können die Körperfarbe ändern und sie ihrer Umgebung anpassen (meistens dem Algenbewuchs rings um die Inseln).

Männliche Schwangerschaft

Die Seepferdchen bei den Maltesischen Inseln werden bis zu 15 cm groß und bleiben als Paar normalerweise lebenslang zusammen. Ihr komplexes Paarungsritual kann sich über mehrere Tage erstrecken und umfasst feierliche Begrüßungen sowie kunstvolle Tänze, woraufhin das Weibchen die Eier mittels eines Ovipositors (umgekehrter Eileiter) in eine spezielle Bruttasche am Bauch des Männchens legt. Dort werden die Eier befruchtet und entwickeln sich, durch winzige Kapillaren in der Tasche mit Sauerstoff versorgt. Die Eier werden, von Fruchtwasser umspült, in der Tasche ausgebrütet; nach einer kurzen „Schwangerschaft" senkt das Männchen die Temperatur in der Tasche auf die des umgebenden Wassers und treibt die lebenden und schwimmfähigen Jungen aus der Tasche aus. Die Eltern kümmern sich nicht um die Jungen, die sich von Anfang an selbst versorgen können.

Links: *Seepferdchen wie dieses* Hippocampus ramulosus *sind ein seltener und kostbarer Anblick.* **Oben:** *An den knochigen Höckern der gutgetarnten Seepferdchen haften oft Algenpartikel.*

Sie ernähren sich von kleinen Garnelen und anderen winzigen planktonischen Krebsen, die sie mit der langen Schnauze fassen und wie mit einem Staubsauger einsaugen.

Unglücklicherweise sind sie für das Schwimmen ungeeignet, da sie nur eine Rückenflosse zur Fortbewegung und sehr kleine, ohrartige Brustflossen zum Steuern und Stabilisieren im Wasser haben. Zum Ausruhen klammern sie sich mit dem Greifschwanz an geeignete Algenteile. Schwanz- oder Afterflossen fehlen.

Seepferdchen finden sich meistens im flachen Brackwasser, wie etwa am Eingang zum Ghasri Valley und sogar im Hafen von Valletta. Sie haben nur wenige natürliche Feinde, wie Krabben und einige Fische. Die größte Gefahr droht ihnen vom Menschen, der ein ungesundes Interesse für die Tiere entwickelt hat, weil sie einen gewissen Kuriositätenwert besitzen. Die chinesische Naturheilkunde verwendet getrocknete Seepferdchen gegen Leiden, die von Asthma über Arthritis und Impotenz bis zur Inkontinenz reichen.

COMINO

Die Insel Comino, ursprünglich Kemmuna genannt nach einem Kreuzkümmel, der hier einmal wuchs, liegt mitten im Kanal zwischen Malta und Gozo und ist nur 2,7 Quadratkilometer groß. Die Fähre von Cirkewwa auf Malta oder Mgarr auf Gozo setzt einen am Landesteg beim Hotel Comino ab. Von dort durchziehen mehrere Naturpfade die Insel.

Die im allgemeinen karg wirkende Insel bietet dennoch einen herrlichen Ausblick von den südwestlichen Kliffs hinüber nach Malta. Comino, einst eine Zuflucht für Piraten, wird von einem quadratischen Turm beherrscht, der 1618 vom Großmeister Alof de Wignacourt zum Schutz des Comino Kanals gegen Angreifer gebaut wurde. Die Insel ist heute ein ausgewiesener Nationalpark und die Heimat einiger interessanter Pflanzen und Nistvögel, darunter Eulen und Fledermäuse (die geschützt sind).

Comino ist zu einem bedeutenden Zentrum für Taucher, Schnorchler und Bootsausflügler geworden. Ausflugsboote fahren täglich zur legendären Blauen Lagune, einer geschützten, seichten Lagune, die zwischen der Hauptinsel Comino und der kleineren Schwesterinsel Cominotto liegt. Für Taucher interessant, dass die Nordküste mit zahlreichen Höhlen und Grotten durchsetzt ist, von denen viele über wie unter Wasser zugänglich sind. In allen wimmelt es von Fischen, vor allem von Riffbarschen, Ährenfischen und Brandbrassen, was teilweise auf die Schnorchler zurückzuführen ist, die hier gern Fische füttern. Dabei sollte das Füttern von Fischen unterbleiben, da hier zu stark in das ökologische Gleichgewicht eingegriffen wird. Bei ruhigem Verhalten verlieren die Tiere schnell die Scheu und sind gut zu beobachten.

Im Südwesten der Insel markiert ein kleiner Leuchtturm an der Spitze das spektakuläre Lighthouse Reef (Nr. 13). Das Riff fällt hier senkrecht bis zu einem Gewirr aus Felsbrocken und einem außergewöhnlichen Kamin ab, der das Kliff teilt. Das ist ohne Frage das beste Tauchgebiet der kleinen Insel, und die meisten Tauchschulen organisieren Fahrten von Malta oder Gozo hierher. Denken Sie daran, dass Comino eine eigene Tauchschule hat und man im voraus ein Gemeinschaftsticket für die Hin- und Rückfahrt zur Insel sowie die Fahrt mit dem Tauchboot buchen kann.

Links: *Täglich kommen Charterboote zur legendären Blauen Lagune.*
Oben: *Der Schriftbarsch, ein kleiner Angehöriger der Familie der Zackenbarsche, ist ziemlich zutraulich.*

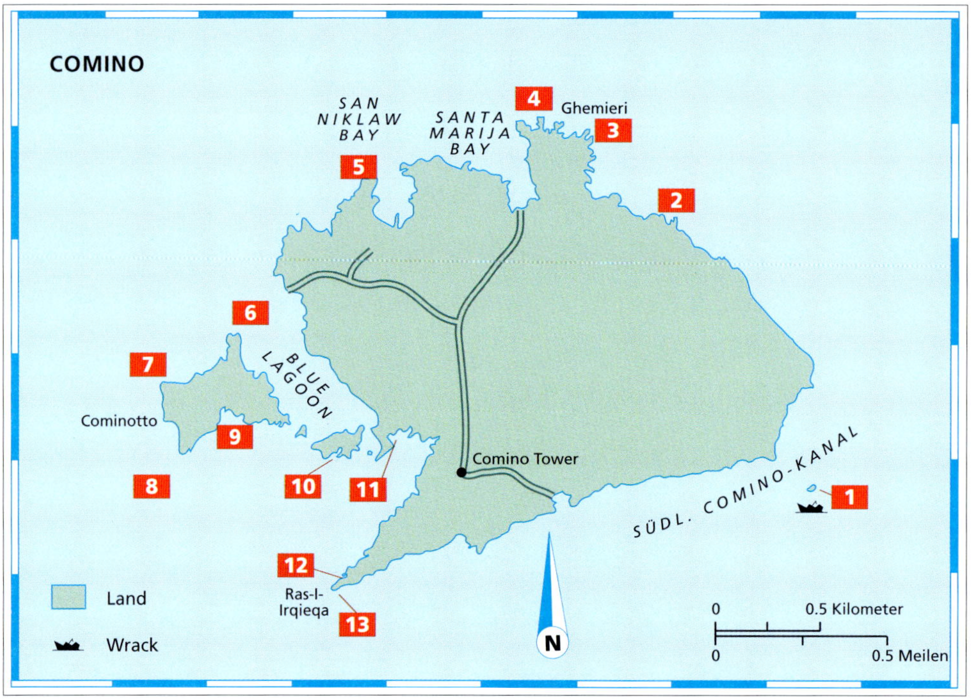

1 SULTAN ROCK

★★★

Lage: Vor der Südostspitze von Comino auf der Malta zugewandten Seite der Insel.
Zugang: Mit dem Boot.
Bedingungen: Ziemlich gut vor Nordostwinden geschützt, bei starker Strömung kann die See jedoch zuweilen kabbelig sein.
Durchschnittliche Tiefe: 6 m
Maximale Tiefe: 18 m
Durchschnittliche Sicht: 30 m

Dieses Gebiet ist für erfahrenere Taucher, da mit Strömung zu rechnen ist. Auch wenn es nicht besonders tief ist, besteht doch die Gefahr abgetrieben zu werden, vor allem im offenen Wasser. Getaucht wird über und zwischen mächtigen Felsen, die mit den verschiedensten Algen bewachsen sind, darunter Pfennigalgen *(Halimeda tuna)* und Trichteralgen *(Padina pavonica)*;. Es gibt kleine Neptungraswiesen, auf denen man immer einige Lippfischarten findet. Auch Muränen sind vertreten, genau wie die Bernsteinmakrele *(Seriola dumerili)*, unzählige Schriftbarsche *(Serranus scriba)* und Braune Zackenbarsche *(Epinephelus guaza)*. Man kann sich auch die Überreste der HMS Sultan ansehen, eines Kriegsschiffs aus dem 18. Jahrhundert, das jedoch überwiegend geborgen wurde, sodass nur noch wenig vorhanden ist.

2 SANTA MARIJA TUNNEL (ELEPHANT ROCK)

★★★★★

Lage: Im Schutz der Landspitze, im nordöstlichen Teil von Comino.
Zugang: Mit dem Boot.
Bedingungen: Vor Südwestwind geschützt und daher bei Schnorchlern sehr beliebt.
Durchschnittliche Tiefe: 6 m
Maximale Tiefe: 6 m
Durchschnittliche Sicht: 15 m

Dieser Tunnel führt etwa 30 m durch die Landspitze und ist ein ziemlich einfacher Tauchgang. Taucher und Schnorchler

SCHWÄMME [*SPONZA*]

Der Gelbe Gitterkalkschwamm (*Clathrina clathrus*) und der Fleischschwamm (*Oscarella lobularis*) sind zwei häufige Arten an den tieferen Riffen vor der Wand und in Grotten. In ähnlichen Lebensräumen findet man auch den Höckrigen und den Gelben Geweihschwamm (*Axinella cannabina* und *Axinella polypoides*), aber am verbreitetsten ist wohl der griechische Badeschwamm (*Spongia officinalis*), der seit Jahrhunderten aus dem Meer geholt wird. Nachdem der Schwamm vom felsigen Untergrund gelöst ist, wird er an einem festen Seil in die Strömung gehängt, bis das Tier tot ist und nur das schwammige Innere bleibt.

sollten Lampen mitnehmen, damit sie die herrlichen Farben der Schwämme, Moostierchen und Sternkorallen sehen können, die die Wände bedecken. In der Höhle gibt es kaum Fische, außer am Eingang, wo sich Mönchsfische und Brassen in großen Schwärmen versammeln.

3 SANTA MARIJA CAVE

★★★★★★★

Lage: Nordwestlich des Santa Marija Tunnels (Nr. 2), bei dem großen natürlichen Bogen.
Zugang: Mit dem Boot.
Bedingungen: Vor Nordwestwinden geschützt und sehr beliebt bei Fische fütternden Touristen.
Durchschnittliche Tiefe: 7 m
Maximale Tiefe: 10 m
Durchschnittliche Sicht: 18 m

Dies ist ein großes Höhlensystem, das sich über 30 m durch die Landspitze zieht und mit einer anderen Höhle verbunden ist. Wo sie aufeinandertreffen ragt ein zum Himmel offener Schacht auf, was den Spaß an diesem Tauchgang erheblich steigert. Santa Marija ist ein beliebter Ort zum Fischefüttern; ob man dafür oder dagegen ist, in dem Gebiet tummeln sich Tausende von Fischen, und den meisten Touristen gefällt die Begegnung. Fische füttern sollten Sie aus ökologischen Gründen unterlassen. An Fischen sieht man unter anderem Brandbrassen *(Oblada melanura)*, Zweibinden-Brassen *(Diplodus vulgaris)* und Mönchsfische, die in ihrer Jugendform eine herrliche, tiefblaue Färbung zeigen.

4 SANTA MARIJA REEF

★★★★★★

Lage: Gegenüber der nördlichsten Spitze von Comino.
Zugang: Mit dem Boot.
Bedingungen: Kann bei kabbeliger See und Dünung recht ausgesetzt sein, was den Einstieg ins Boot erschwert.
Durchschnittliche Tiefe: 9 m
Maximale Tiefe: 21 m
Durchschnittliche Sicht: 25 m

Das Tauchboot ankert in 9 m, von wo man die zahlreichen Gullys, Höhlen, Durchlässe und Grotten erkunden kann. Dieses Gebiet eignet sich hervorragend für Weitwinkelaufnahmen in den Höhlen. Es ist ein flaches, dicht mit Algen bewachsenes Felsriff und gut, um Zackenbarsche, Meeräschen und die meisten Brassenarten zu beobachten, unter anderem große Schwärme Goldstriemen *(Sarpa salpa)*. Diese Fische werden ziemlich groß und weiden in großen Schwärmen die Algen ab. Sie bieten die Möglichkeit zu herrlichen Schwarmbildern, wenngleich es nicht immer leicht ist, nahe an diese Schwärme heranzukommen.

RÖHRENWÜRMER [*HANEX TAL-WARDA*]

Es gibt mehrere Ringelwürmer bei den Maltesischen Inseln, die in Röhren leben. Alle sind licht- und druckempfindlich und bevorzugen Schlupfwinkel unter großen Blöcken oder in Höhlen und Grotten. Am häufigsten ist der Doppelspiralenwurm (*Bispira voluticornis*). Ähnlich groß, aber anders in der Farbe ist der Weiße Kalkröhrenwurm (*Protula tubularia*), den man in kleinen Haufen auf Wänden entdeckt. Der größte Röhrenwurm ist der Pfauenfederwurm (*Sabella pavonina*), ein solitäres Tier im Flachwasser, das jedoch öfter in größerer Zahl auf tieferen Wracks sitzt. Dieser Röhrenwurm lebt oft auf schlammigem Grund und ist im gesamten Mittelmeer bis hinauf nach Skandinavien verbreitet. Für Aufnahmen von Röhrenwürmern sollte man ein Objektiv mit längerer Brennweite nehmen, um sie nicht aufzuscheuchen. Wahrscheinlich hat man nur eine Chance, da das Blitzlicht dafür sorgt, dass der Wurm sich sofort in seine schützende Wohnröhre zurückzieht.

5 THE CANYON

★★★★

Lage: Vor der Landspitze sofort links vom Hotel Comino.
Zugang: Mit dem Boot, ist aber auch vom Ufer zu erreichen.
Bedingungen: Zwischen den Felswänden geschützt, aber überall Dünung möglich.
Durchschnittliche Tiefe: 7 m
Maximale Tiefe: 20 m
Durchschnittliche Sicht: 21 m

Der Cañon hat fast senkrechte Wände und viele Mini-Steilabfälle sowie enge Tunnels. Zwischen Felsen eingeklemmt stecken die Überreste eines kleinen maltesischen Fischerbootes, das jedoch rasch zerfällt. Die Fischfauna ist nicht sehr reich, die Felsen sind von Algen überwuchert. Beliebt sind Nachttauchgänge; im Cañon leben viele Arten von Seesternen, Nacktschnecken und kleinen Krabben.

6 BLUE LAGOON

★★★★★

Lage: Im Norden der geschützten Blauen Lagune.
Zugang: Mit dem Boot, ist aber auch schnorchelnd vom Ufer zu erreichen.
Bedingungen: Vor den schlimmsten Stürmen geschützt und bei Touristen sehr beliebt.
Durchschnittliche Tiefe: 6 m
Maximale Tiefe: 12 m
Durchschnittliche Sicht: 25 m

Dieses leichte Gebiet ist bei Schnorchlern und Tauchern beliebt und hat viel zu bieten. Es sind immer viele Touristen und Boote unterwegs. Normalerweise sind immer große

> **ZACKENBARSCHE [*CERNA*]**
>
> Es gibt bei den Maltesischen Inseln ein paar Zackenbarscharten, wobei der *Epinephelus guaza* [*Cerna gigas*], der 1 m groß werden kann, der häufigste ist. Unter den kleineren verwandten Arten am häufigsten ist der Schriftbarsch (*Serranus scriba*) [*Burqax*]. Der schöne Fisch kann 35 cm groß werden und ist meistens zwischen Algen an Wänden, Riffen und Wracks anzutreffen. Leider sind Zackenbarsche bei Harpunenfischern sehr beliebt, die sie von den flacheren Felsriffen in tiefere Gewässer vertrieben und sehr scheu gemacht haben.

Schwärme von Goldstriemen (Sarpa salpa) und viele Mönchsfische zu sehen. Auf dem Boden der Lagune wechseln Sand und Neptungras.

7 COMINOTTO ANCHOR REEF

★★★

Lage: Nordwestlich der Insel Cominotto am Rand der äußeren Riffsteilwand.
Zugang: Mit dem Boot.
Bedingungen: Ein ausgesetztes Gebiet mit Brandung, Dünung und Strömung.
Durchschnittliche Tiefe: 18 m
Maximale Tiefe: 36 m
Durchschnittliche Sicht: 30 m

Dies ist Tauchen an einer Wand, die im wesentlichen aus mächtigen Blöcken besteht, unter denen sich interessante Schlupfwinkel und Grotten gebildet haben, wo sich schattenliebende Geschöpfe verstecken, wie Zylinderrosen *(Cerianthus membranaceus)* und Pfauenfederwürmer *(Sabella pavonina)*. Den Namen hat das Gebiet von den zahlreichen Ankern, die sich zwischen den Blöcken und in der Wand verkeilt haben. Man kann mit Zahnbrassen, Riffbarschen, Brassen und kleinen Seegrasflecken rechnen, wo man mit etwas Glück auch Pfeifenfische *(Syngnathus typhle)* findet.

8 COMINOTTO ROCK

★★★★

Lage: Vor der Südwestspitze von Cominotto.
Zugang: Mit dem Boot.
Bedingungen: Ausgesetzt; mit Strömungen ist zu rechnen, deshalb nur für erfahrene Taucher.
Durchschnittliche Tiefe: 12 m
Maximale Tiefe: 50 m
Durchschnittliche Sicht: 30 m

Dies ist eine senkrechte Wand mit wenig großen Fischen, die vielen Riffbarsche ausgenommen. Die Wand fällt auf 39 m und zu einigen sehr großen Blöcken ab, zwischen denen Durchlässe und Höhlen entstanden sind, wo man farbenprächtige Schwämme und Sternkorallen finden kann. In den tieferen Bereichen kann man auch auf Zackenbarsche stoßen. Auf dem Weg nach unten müsste man einen alten vierarmigen Anker sehen können.

9 INNER COMINOTTO

★★★★★

Lage: Vor der Südküste von Cominotto.
Zugang: Mit dem Boot.
Bedingungen: Ziemlich gut vor Nordostwinden geschützt, aber Dünung und kabbelige See möglich.
Durchschnittliche Tiefe: 9 m
Maximale Tiefe: 22 m
Durchschnittliche Sicht: 25 m

Das Tauchboot ankert meist nahe der Ecke der Landspitze bei einem schönen Naturbogen in der Kalksteininsel. Von dort können Taucher nach links oder rechts schwimmen; das Gebiet wird oft wie zwei getrennte Tauchgänge behandelt. Es gibt große Felsen, die mit Algen und Neptungras bewachsen sind. Am Fuß der Wand liegen einige kleine Höhlen, wo man Meerbarbenkönige *(Apogon imberbis)* und farbenprächtige Seesterne sehen kann. In 7 m Tiefe befindet sich ein schöner Überhang, von wo man durch den Bogen und zurück zum Tauchboot schwimmen kann.

10 COMINOTTO CAVE (ALEX'S CAVE)

★★★★

Lage: Obwohl Cominotto Cave genannt, geht dieser Tauchgang zum Süden der nächsten größeren Insel zwischen Cominotto und Comino. Hinter dieser Insel liegt die Blaue Lagune.
Zugang: Mit dem Boot.
Bedingungen: Ziemlich geschützt, außer wenn ein starker Südwind in die Höhle bläst; dann ist es sehr gefährlich, und man sollte hier nicht tauchen.
Durchschnittliche Tiefe: 8 m
Maximale Tiefe: 16 m
Durchschnittliche Sicht: 15 m

Ein beliebter zweiter Tauchgang nach Inner Lantern Point (Nr. 12). Es ist eine interessante Höhle, die die Wellen ausgewaschen haben, mit sandigem Boden und glatten Wänden. Auf dem Höhlenboden sammeln sich oft Algenreste. Man schwimmt zunächst 15 m in das dämmrige Innere hinein, eine Lampe ist also angebracht. Am Ende der Höhle befindet sich ein Kamin, durch den man ans Tageslicht auftauchen kann, aber nur bei absolut ruhiger See. Von dort können die Taucher zurück zum Boot oder durch den Tunnel in der nächsten Landspitze weiter zur Crystal Lagoon (Nr. 11) schwimmen, aber die meisten haben für einen so langen Tauchgang nicht genügend Luft.

Kleine Röhrenwürmer ziehen sich rasch in ihr Loch zurück, wenn Taucher zu nahe kommen.

Polycirrus *strecken ihre klebrigen Tentakel aus, um Plankton- und Algenreste einzufangen.*

Fast überall findet man große Wiesen aus Neptungras (Posidonia oceanica).

11 CRYSTAL LAGOON

★★★

Lage: In der geschützten kleinen Bucht bei der Crystal Lagoon an der Südwestseite von Comino.
Zugang: Mit dem Boot, ist aber auch von der kleinen Mole aus zu erreichen.
Bedingungen: Vor Nordwestwind geschützt und deshalb bei Schnorchlern sehr beliebt.
Durchschnittliche Tiefe: 12 m
Maximale Tiefe: 15 m
Durchschnittliche Sicht: 15 m
Der Tauchgang folgt dem Tunnel durch die Landspitze zum Westen der Insel. Der Boden der Höhle ist mit Felsen übersät und daher im allgemeinen frei von Silt. In dem Gebiet gibt es kaum Fische, erst wieder bei der Rückkehr in die geschützte Lagune, wo an das Füttern von Hand gewohnte Brandbrassen und Zweibinden-Brassen erwartungsvoll um das Tauchboot kreisen. Der Meeresboden ist mit Neptungras bedeckt, und hier haben wir auch unseren ersten Gemeinen Tintenfisch *(Sepia officinalis)* gesehen.

12 INNER LANTERN POINT

★★★★★★

Lage: An der Innenseite der Landspitze nördlich des Leuchtfeuers auf der Südwestspitze von Comino.
Zugang: Mit dem Boot.
Bedingungen: Vor Südostwind geschützt, aber mit Dünung und Strömung ist zu rechnen.
Durchschnittliche Tiefe: 30 m
Maximale Tiefe: Über 45 m
Durchschnittliche Sicht: Über 30 m
Ein aufregender Steilwandtauchgang, zu dem die meisten Tauchclubs mit dem Boot von Malta herüberkommen und bei dem es senkrecht hinunter zu Felsblöcken geht, zwischen die große Neptungrasflecken eingestreut sind. Wenn man die Wand entlangschwimmt (sodass sie rechts liegt), kommt man zu einem senkrechten Spalt mit einer flachen Höhle. Auf dem Boden der Höhle findet man große Pfauenfederwürmer *(Sabella pavonina)* und Zylinderrosen *(Cerianthus membranaceus)*. Kardinalfische, Brassen und unzählige Riffbarsche sind vertreten, aber große Fische gibt es nicht.

13 LIGHTHOUSE REEF

★★★★★

Lage: An der exponierten Südseite des Leuchtfeuers auf der Südwestspitze von Comino.
Zugang: Mit dem Boot.
Bedingungen: Vorgelagert und generell schwierig, außer bei idealem Wetter.
Durchschnittliche Tiefe: 18 m
Maximale Tiefe: Über 50 m
Durchschnittliche Sicht: Über 30 m
Dies ist ein spektakulärer Tauchgang hinunter von einem flachen Felsschelf in 6 m, wo das Tauchboot ankert. Der Tauchgang beginnt am Eingang zu einem Kamin, der durch das Kalksteinplateau auf 16 m nach unten reicht, wo er ausläuft.
Der Tunnel ist so breit, dass Taucher sich ohne anzustoßen bewegen können. Hier findet man Weiße Kalkröhrenwürmer *(Protula tubularia)* und viele Feuerwürmer *(Hermodice carunculata)*. Auf dem Geröllboden am Höhleneingang stößt man auf ein paar Purpur-Herzigel *(Spatangus purpureus)*. Eisseesterne *(Marthasterias glacialis)* sieht man vermehrt auf den mächtigen äußeren Felsen, die sich hinunter in die Tiefe ziehen. Diese Felsen haben auch große Grotten und Durchlässe entstehen lassen. Dies ist der beste Tauchgang der Insel.

Wie man hinkommt

Mit der Fähre: Eine beliebte Strecke mit acht Fahrten täglich von Cirkewwa auf Malta und vom Hafen Mgarr auf Gozo. Die Fähre gehört dem Hotel Comino, man kann also nach Belieben zusätzliche Fahrten vereinbaren. Hin- und Rückfahrt kosten 2 Lm und stehen allen Besuchern, die auf der Insel wohnen, offen. Buchen ist nicht erforderlich, aber Hotelgäste und -angestellte haben Vorrang, wenn das Boot voll ist.

Mit dem Schiff: Viele Ausflugsboote fahren ebenfalls täglich nach Comino zur geschützten, flachen Blue Lagoon. Fahrten können im voraus bei allen Hotels auf Malta oder Gozo gebucht werden.

Wie man herumkommt

Auf Comino gibt es weder Autos noch Straßen; ein Weg verbindet das Hotel Comino mit seinen Bungalows auf der Insel.

Wo man absteigen und essen kann

Comino Hotel, Comino
Hotel: Tel. (356) 529821-9, Fax (356)529826. Verkauf: Tel. (356) 233636-7, Fax (356) 239057. Ein exklusives, Anfang der 60er Jahre gebautes Hotel. 150 Zimmer und 45 separate Bungalows für Selbstversorger, die über die Insel mit ihrer eigenen geschützten Bucht verstreut sind. Die Essensbuffets sind hervorragend. An Sporteinrichtungen gibt es mehrere Swimmingpools und Tennisplätze, Unterricht möglich.

Taucheinrichtungen

Tony's Dive Services, Comino Hotel, Comino, Tel. (356) 529821, Fax (356) 529826; im Winter Tel. und Fax (356) 315611.
Es gibt ein geräumiges Tauchboot, dessen Besitzer die Riffe vor Ort bestens kennt. Die Tauchschule hat nur von Ostern bis November geöffnet, aber man kann auch in den Wintermonaten Tauchausflüge arrangieren.

Notfälle

Für medizinische Notfälle existiert ein Hubschrauberlandeplatz mit direkter Verbindung zum nächsten Krankenhaus und zur hyperbaren Kammer auf Malta. Alle Dekompressionsunfälle werden so befördert.

Notfall	Tel. 196
Druckkammer	Tel. (356) 234766
Craig Hospital, Gozo	Tel. (356) 561600
St. Luke's Hospital, Malta	Tel. (356) 241251, 247860

Sehenswürdigkeiten

Comino ist eine kleine Insel und ein ausgewiesener Nationalpark. Man kann schöne Spaziergänge zum **Comino Tower** mitten auf der Insel machen, aber auch zur **Crystal Lagoon**, zur **Santa Marija Bay** mit ihrer kleinen Kirche und einem Platz und zur berühmten Blue Lagoon.

Die **Blue Lagoon** ist ein schmaler Kanal, der Comino von Cominotto trennt, wo die flache Bucht mit dem weißsandigen Grund sehr schöne Blauschattierungen nach oben wirft. Dieser wunderbare Ort zieht viele Tagesausflügler an.

Das Hotel Comino bietet alle Wassersportmöglichkeiten wie Kanufahren, Jet-Ski, Surfen, Segeln und Schnorcheln.

Tagesausflügler vergnügen sich im flachen, warmen Wasser der Blauen Lagune.

Nachttauchen ist als Abenteuer im Abenteuer bezeichnet worden. Beliebte Nachttauchgänge vor den Inseln sind Marfa Point (Malta, Nr. 24), Blue Hole, Mgarr ix-Xini, Xlendi Bay (Gozo, Nr. 11, 18, 24) und Canyon (Comino, Nr. 5). Sobald man sich für ein Gebiet entschieden hat, empfiehlt es sich nach Möglichkeit, sich mit ihm vertraut zu machen und zunächst am Tag dort zu tauchen. Dann ist das Tauchen bei Dämmerung eine gute Methode, sich an das Nachttauchen zu gewöhnen und sich allmählich auf den Übergang vom Umgebungslicht zum künstlichen Licht der Tauchlampen einzustellen.

Ein spezielles Training ist nicht erforderlich, doch Taucher und Unterwasserfotografen sollten bei Nacht noch stärker auf das Tarieren achten, um die zarten Korallen und Krustenalgen nicht zu beschädigen. Wenn man seine Lage stabilisieren und Korallen berühren muss, sollte man dazu ein Stück mit abgestorbenen Korallen und immer nur einen Finger benutzen.

Tips für das Nachttauchen

- Besuchen Sie einen Nachttauch-Kurs.
- Tauchen Sie mit jemandem, der nicht nur mit dem Gebiet, sondern auch mit dem Nachttauchen vertraut ist.
- Nehmen Sie eine oder zwei Ersatzlampen mit.
- Wenn Sie ins Wasser steigen, peilen Sie mit dem Kompass das Ufer oder die nächste Vertäuungsboje an.
- Informieren Sie jemanden im Hotel oder Tauchclub über den Tauchgang und dessen voraussichtliches Ende.
- Legen Sie warme, trockene Kleidung zurecht, die Sie nach dem Tauchen anziehen können.

Fotografieren bei Nacht

Ein Blitzgerät ist für Nachtaufnahmen unerlässlich. Nur einige Geräte haben die Leistung oder können den extremen Weitwinkelbereich ausleuchten, sodass meistens ein Nah- oder Makroobjektiv benutzt wird. Zusammen mit einem langsamen Film wie einem Fuji Velvia kann man herrliche Farben erzielen, scheinbar ohne dass Wasser zwischen Ihnen und dem Objekt ist. Beim Film gilt die Regel: je geringer die Lichtempfindlichkeit, desto größer die Farbsättigung.

Am beeindruckendsten beim Nachttauchen ist, dass sich das Riff im Licht der Lampen und des Blitzes in seiner vollen natürlichen Farbenpracht zeigt. Tagsüber geht das Rot infolge der Brechung und Absorption des Lichts durch das Wasser bereits ab 2 m Tiefe verloren.

Die Nacht ist auch die beste Zeit, um das Meeresleben im Bild festzuhalten, da viele Riffarten nachts schlafen und man sich ihnen leichter nähern kann. Seien Sie jedoch besonders behutsam, wenn Sie sich schlafenden Tieren nähern. Es ist zwar verlockend, ein besonders reizvolles Motiv gleich mehrmals zu fotografieren, aber stören Sie die Tiere nie in ihren Schlafgewohnheiten. Sich hautnah an einen schlafenden Papageifisch heranzupirschen kann ihn zu panischer Flucht veranlassen, bei der er sich selbst und dem Riff Schaden zufügen kann. Visieren Sie statt dessen ein Stück Koralle in der Nähe an und gehen dann schnell in Position, machen maximal ein paar Aufnahmen von jedem Motiv und schwenken das Licht dann zur Seite. Empfindliche Meerestiere wie Seepferdchen sollte man nur etwa drei Mal fotografieren und dann in Ruhe lassen. Belästigen Sie niemals Tiere, die nachts jagen und Nahrung suchen, wie Muränen.

Für ein Foto vieler der kleineren Fächerwürmer zum Beispiel bekommen Sie nur eine Chance, weil das Blitzlicht so grell ist. Die meisten nachtaktiven Tiere sind licht- und druckempfindlich; nähern Sie sich also geduldig und einfühlsam. Die Blitzleistung ist je nach Spezifikation des Herstellers variabel, aber am wenigstens belästigt man die Tiere mit TTL-Blitzbetrieb. Dabei erledigt der Blitz das Denken für Sie. Denken Sie daran, dass Nachttauchen an sich schon kompliziert genug ist; je leichter Sie sich also das Fotografieren machen können, desto besser.

Das Motiv vor dem Auslösen zu beleuchten ist kritisch; ein vernünftiges Blitzgerät ist diesbezüglich eines mit einem internen Hauptlicht (mit unabhängiger Stromversorgung, sodass die Blitzleistung nicht beeinträchtigt wird). Ich persönlich empfehle den YS300 von Sea & Sea. Alternativ kann man eine kleine Lampe außen an

Die Nacktschnecke Hypselodoris elegans *ist beim Nachttauchen oft zu sehen.*

einem anderen Blitzgerät befestigen, damit man die Hände zum Bedienen der Kamera frei hat. Ein rotes Spotlight ist ideal, da es Ihr Nachtsehvermögen nicht beeinträchtigt und auch weniger zudringlich für das Meeresleben ist.

Nachtleben auf dem Riff

Die Tag- und Nachtunterschiede beginnen mit der Zusammensetzung des Planktons und betreffen auch alle anderen Lebensformen.

Farbenprächtige Kaurischnecken und andere Weichtiere wie Nacktschnecken oder Prachtsternschnecken weiden nachts zwischen den Algen, die auf abgestorbenen Korallen wachsen. Tiere, die sich in Nischen und Spalten oder unter Felsen verkrochen haben, um der grellen Mittagssonne zu entgehen, kriechen, gleiten oder hüpfen jetzt ins Freie. Einsiedlerkrebse kämpfen miteinander um den Besitz eines leeren Schnekkengehäuses, und Seeigel und Haarsterne kriechen auf dem Riff umher.

Tiere, die tagsüber schwer zu fotografieren sind, wie etwa der Pfauenfederwurm (*Sabella pavonina*), lassen sich bereitwilliger stellen.

Kleine Schleimfische und Garnelen fordern Sie jetzt heraus näher zu kommen. Auch Scherengarnelen (*Stenopus spinosus*) und Langarmkraken (*Octopus macropus*) kann man sich leicht nähern, wenn sie über die Algenwiesen ziehen, die den Großteil der Felsenküste bedecken. Auch die Skorpionsfische wirken nachts viel farbenprächtiger.

Übersehen Sie bei Ihrer Suche nach interessanten Fischen oder Niederen Tieren nicht die Muster und feinen Strukturen der sessilen Polypen wie der Gelben Krustenanemone (*Parazoanthus axinellae*) oder anderer einzelnen Korallenpolypen und Algen. Im Licht Ihrer Lampe können Sie all die Farben auswählen, die Sie am Tag vermisst haben, und auch Tiere beobachten und fotografieren, die während der Tagesstunden in Riffspalten oder im Sand des Meeresbodens versteckt liegen. Nachttauchen ist wirklich etwas besonderes, und jeder Tauchgang ist anders.

GOZO

Gozo, die kleinere der beiden maltesischen Hauptinseln, liegt 8 Kilometer nordwestlich von Malta. Die Insel ist 15 Kilometer lang, (maximal) 7 Kilometer breit und hat 43 Kilometer Küste. Wie ihre große Schwester besitzt auch Gozo eine eindrucksvolle Zitadelle im Landesinneren in Victoria (Rabat); fast alle großen Straßen gehen strahlenförmig von dieser Stadt aus.

Gozo unterscheidet sich von Malta zwar durch eine Schicht Blauton, hat aber auch einige geologische Besonderheiten mit Malta gemeinsam. Ein großer Teil der Insel neigt sich sanft ins Meer, bevor er in die Tiefe stürzt, während an der West- und Südküste himmelstürmende Kliffs ebensotief ins Meer abfallen, sodass sich herrliche Tauchgänge bieten. Tatsächlich ist das Tauchen noch malerischer als auf Malta, mit wilden, senkrechten Felswänden, natürlichen Bögen und Höhlen – Gozo ist fraglos eines der beliebtesten Reiseziele der Taucher im Mittelmeer. Aus Gründen der Übersichtlichkeit haben wir die Insel in drei Regionen unterteilt.

Wie bei allen Inseln hängt das Tauchen vom Wetter ab. Einige der beliebteren, geschützten Gebiete sind anfällig für den vom Land abfließenden Regen, der die Sicht unter Wasser wegen der von den Kalksteinhügeln gelösten und ins Meer gespülten Partikel nahezu aufheben kann, wenngleich das jedoch selten lange anhält. Die **Nord**küste von Marsalforn bis zum Ghasri Valley hat tiefes Wasser, das direkt vor der Kalksteinküste beginnt, sodass die Sicht hier normalerweise immer gut ist.

Im Archipel bei weitem am besten tauchen kann man im **Südwesten** bei Dwejra Point. Dort können Taucher zwei Naturwunder des Mittelmeers bestaunen: den Riesenbogen oder das Azure Window (Nr. 10) an der Spitze des Dwejra Point und landeinwärts von dieser Felsformation den Inland Sea (Nr. 9), eine geschützte Lagune, die ein gewaltiger Spalt eingeschnitten hat, der durch die Landspitze läuft und Tauchern überhängende Felsen bis 25 m Tiefe bietet. Weiter im Süden steigt die Landmasse senkrecht auf und hat außer in der Xlendi Bay kaum noch Zugangspunkte.

Von St. Andrew's Divers Cove nach **Osten** werden die Tauchgebiete an der Küste meistens mit dem Boot angefahren. Vor allem die Höhlen unter den furchteinflößenden Wällen der Ta' Cenc Cliffs sind nur mit dem Boot zu erreichen.

Links: *Das Azure Window ist ein markantes Wahrzeichen am Dwejra Point.*
Oben: *Kleine Risse und Spalten beherbergen oft Meerbarbenkönige* (Apognon imberbis).

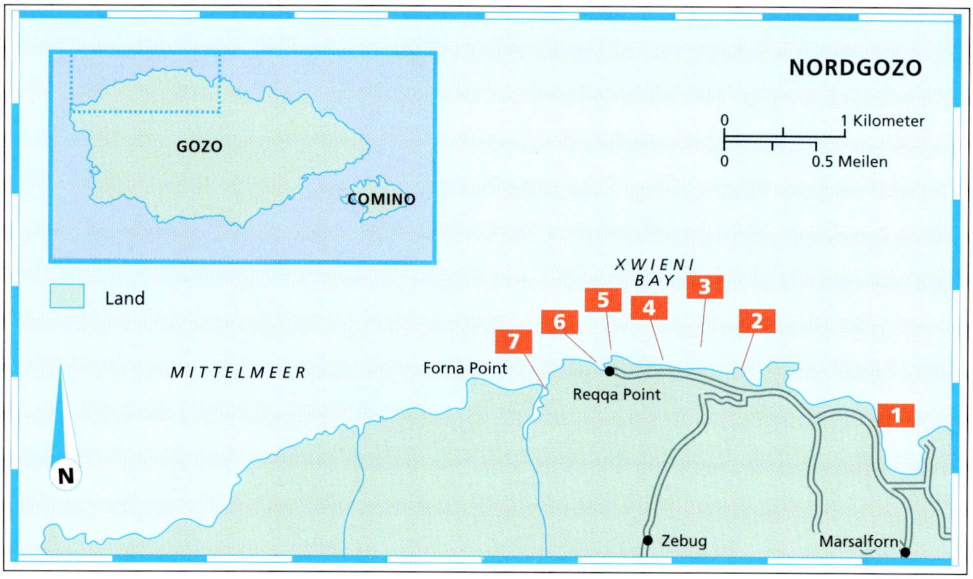

1 MARSALFORN BAY

★★★

Lage: Vor dem Wellenbrecher nordwestlich der Marsalforn Bay.
Zugang: Von der Küste.
Bedingungen: Generell geschützt; normalerweise ein Tauchgang für Anfänger.
Durchschnittliche Tiefe: 8 m
Maximale Tiefe: 12 m
Durchschnittliche Sicht: 15 m

Dies ist ein sanft abfallendes Tauchgebiet, das häufig zu Übungszwecken benutzt wird, wobei die Sicht umso besser wird, je weiter man aus der Bucht schwimmt. Der sandige Grund ist mit großen Felsen und kleinen Neptungrasflecken durchsetzt. Zu sehen sind kleine Schwärme von Zweibinden-Brassen *(Diplodus vulgaris)* und Brandbrassen *(Oblada melanura)*.

SEEANEMONEN [*ARTIKLA*]

Seeanemonen, Verwandte der Quallen, Korallen und Hydrozoen, sind in Form und Größe sehr unterschiedlich. Die Wachsrose (*Anemonia viridis/sulcata*) hat lange Tentakel mit einer purpurfarbenen oder grünen Verdickung am Ende; die Tentakel sind mit Nesselzellen oder Nematozysten bewehrt, mit denen die Anemone ihre Beute lähmt. Bei den Wachsrosen findet man immer auch kleine Garnelen und Krabben. Die Goldrose (*Condylactis aurantiaca*) ist eher auf sandigem Grund anzutreffen, wobei der Körper größtenteils nicht sichtbar ist. Diese Anemone sieht man in großer Zahl am Wrack der *Rozi* am Marfa Point auf Malta (Nr. 23). Die Zylinderrose (*Cerianthus membranaceus*) lebt überwiegend in schattigen Riffbereichen sowie in Höhlen und Grotten. Sie ist licht- und druckempfindlich und oft unnahbar und zieht sich fast immer nach dem ersten Blitz zurück.

2 XWIENI BAY

★★★

Lage: Nordwestlich der Xwieni Bay.
Zugang: Direkt vor dem Strand und der kleinen Betonplattform.
Bedingungen: Diese kleine, geschützte Bucht ist bei Einheimischen und Kindern beliebt, es ist also damit zu rechnen, dass es lebhaft zugeht.
Durchschnittliche Tiefe: 9 m
Maximale Tiefe: 12 m
Durchschnittliche Sicht: 15 m

Es gibt einen ganz flachen Zugang vom Ufer über kleine Neptungrasbänke, der hinunter zu mehreren Felspassagen führt. Die Felsen sind hier von Algengestrüpp überwuchert. Danach fällt ein kleines Band ab auf einen sandigen Boden, und Hunderte kleiner Spalten und Risse beherbergen Muränen *(Muraena helena)* und den Gemeinen Kraken *(Octopus vulgaris)*, den man meist an seiner Sammlung von Steinen und Muscheln vor dem Schlupfloch erkennt. In diesem Gebiet wird meistens mit Anfängern getaucht, aber wer durchtrainiert und unternehmungslustig ist, kann hier den Tauchgang zu den Twin Arches (Nr. 3) starten.

3 TWIN ARCHES (MARSALFORN REEF)

★★★★★

Lage: Direkt vom Strand der Xwieni Bay nach Norden, etwa 200 m vor der Küste.

Zugang: 80 m nördlich der Xwieni Bay an der Ecke. Kann schnorchelnd erreicht werden (sehr lang), aber der Zugang mit dem Boot ist besser.

Bedingungen: Kann bei Ostwind verblasen werden, daher am besten bei völlig ruhiger See zu tauchen.

Durchschnittliche Tiefe: 30 m

Maximale Tiefe: 45 m

Durchschnittliche Sicht: 45 m

Es gibt eine vielfältige Fischfauna an dieser ausgedehnten, felsigen Landspitze mit zwei großen Bögen. Der Einstieg erfolgt in sehr flachem Wasser, das mit Hunderten von Seeigeln übersät ist – wenn man über den großen Seegrasflächen schwimmt, kann man häufig Sepien, Kraken und zahlreiche Lippfische beobachten. Sobald man den Beginn der Wand in etwa 14 m Tiefe erreicht, hält man sich rechts und folgt ihr bis zu den Zwillingsbögen. Der erste, kleinere Bogen beginnt in 20 m und direkt darunter liegt der größere, der sich bis zum Meeresboden in 45 m Tiefe erstreckt. Die Zeit ist wegen der Tiefe begrenzt, die Taucher müssen also entweder diagonal zurück zum Ufer schwimmen oder zum wartenden Tauchboot. Am äußeren Riff herrschen ideale Bedingungen für Barrakudas und Zackenbarsche, und im Flachwasser findet man verbreitet kleine Schleimfische, Nacktschnecken und Seeanemonen; die Unterseiten der schattigen Bögen sind mit kleinen, bunten Schwämmen und Sternkorallen *(Astroides calycularis)* bedeckt. Man muss nicht denselben Weg zurück nehmen; wenn man weiter um die Küste nach rechts schwimmt, kommt man zu einigen großen Höhlen im Kliff.

EIDECHSENFISCHE [*SKALM*]

Eidechsenfische (*Synodus saurus*), so genannt wegen des eidechsenähnlichen Kopfes, sind Bodenbewohner und oft zum Teil im Sand verborgen, wenn sie auf Beute lauern, die beim Vorbeischwimmen verschlungen wird. Sie bewegen sich erst, wenn man ihnen zu nahe kommt.

4 ANCHOR REEF (LANDSLIDE)

★★★★★★★

Lage: Mitten zwischen den Twin Arches (Nr. 3) und Reqqa Point (Nr. 5).

Zugang: Vom Ufer, auf die linke Seite einer Angelplattform aus Beton.

Bedingungen: Kann bei Dünung schwierig sein. Der Einstieg ist einfach, aber der Ausstieg komplizierter, da man einen felsigen, steilen Hang hinaufklettern muss. Auf Angelschnüre achten.

Durchschnittliche Tiefe: 12–30 m

Maximale Tiefe: 45 m

Durchschnittliche Sicht: 45 m

Flughähne (Dactylopterus volitans) *sieht man bei Mgarr ix-Xini (Nr. 24).*

HAIE [KELB IL-BAHAR]

Im Mittelmeer trifft man im Gegensatz zu anderen Teilen der Welt sehr selten auf Haie. Man hat Weiße Haie (*Carcharodon carcharias*) [*Kelb il-bahar abjad*] von Rekordgröße gefangen, und den Fischern gehen oft Fuchshaie (*Alopias vulpinus*) [*Pixxivolpi*] ins Netz, aber am häufigsten sieht man aus der Haifamilie den harmlosen Kleinfleckigen Katzenhai (*Scylliorhinus canicula*) [*Gattarell tat-titek*], oft in der Nähe von Riffwänden oder im Neptungras. Katzenhaie legen ihre Eiertasche auf Neptungras und Gorgonien, an die sie mit klebrigen Ranken geheftet werden.

Ein sehr guter Schnorcheltauchgang den Rand der Küstenlinie entlang, die etwas Schutz bietet. Hier sind immer Tausende kleiner Ährenfische *(Antherina hespetus)* und Mönchsfische *(Chromis chromis)* zu sehen. Auch Zackenbarsche sind häufig, ebenso verschiedene Brassenarten, Lippfische patrouillieren am Riff entlang, während Seepapageien *(Sparisoma cretense)* in kleinen Gruppen an den Korallen und Hydrozoen knabbern. Diese Fische gehören wohl zu den farbenprächtigsten, die man bei den Maltesischen Inseln findet. Der Tauchgang geht hinunter und die steil abfallende Wand entlang nach rechts oder links, wo man in jedem Spalt Meerbarbenkönige *(Apogon imberbis)* und zwischen den Algen verschiedene Arten Skorpionsfische entdeckt.

5 REQQA POINT

★★★★★★★★

Lage: Der nördlichste Punkt von Gozo, ein kleiner, gebogener, flacher Ausläufer, der ins Meer vorspringt.
Zugang: Über die steinige, holprige Küstenstraße bei den Salzpfannen.
Bedingungen: See kann kabbelig sein, was den Ein- und Ausstieg erschwert. Dieses Gebiet ist auch bei Fischern sehr beliebt.
Durchschnittliche Tiefe: 25 m
Maximale Tiefe: Über 70 m
Durchschnittliche Sicht: 45 m
Je nach Wellengang liegt der Zugang entweder links oder

Tauchen fliegen mit Hilfe eines Unterwasser-Scooters eine Wand entlang.

rechts von der Landspitze, aber zum Tauchen schwimmt man nach links um die Landspitze, also nach Westen. Die Wand ist vielerorts fast senkrecht und weist zahlreiche Spalten, Höhlen und Risse auf. Das Schnorcheln an der Wand ist wegen der aufregenden Lage und der vielen kleinen Fische beliebt. Es kann jedoch Schwierigkeiten mit den Fischern geben, also aufpassen.

Auf dem submarinen Teil der Landspitze gibt es zwei Kamine oder Schlote, die durch die Wand nach unten gehen. Rechts von der geschützten kleinen Bucht läuft von 6 m bis in 16 m Tiefe ein Kamin durch das Riff, und auf der Landspitze gibt es einen noch sehr viel anspruchsvolleren Kamin, den sich nur sehr erfahrene Taucher zutrauen dürfen. So tief zu tauchen ist jedoch gar nicht nötig, da es im Flachwasser ein reiches Meeresleben und viel Interessantes zu sehen gibt, darunter Shrimps Cave, eine flache Einbuchtung in der Felswand, in der sich mehrere Garnelenarten tummeln.

6 BILLINGHURST CAVE

★★★★

Lage: Westlich von Reqqa Point und in die tief eingekerbte Ecke der Küste, wo man den Höhleneingang sehen kann.
Zugang: Der Einstieg erfolgt durch einen 2-m-Sprung, dann unter Wasser zur Höhle schwimmen; der Ausstieg ist am Reqqa Point.
Bedingungen: In der Höhle kann es schwerere Brandung geben, es sollten also nur erfahrene Taucher bei absolut ruhigen Bedingungen einsteigen.
Durchschnittliche Tiefe: 20 m
Maximale Tiefe: 35 m
Durchschnittliche Sicht: 25 m

Es dringt kaum Tageslicht in die Höhle ein, und ein Knick in der Mitte hält das Licht noch stärker ab. Die Seiten des Tunnels sind durch die anbrandende See ausgehöhlt und erodiert und mit vielen verschiedenfarbigen Schwämmen bedeckt. Das Meeresleben ist karger als vielleicht vermutet, aber nach 50 m Schwimmen kann man in der Höhle auftauchen und die gewölbte Steindecke mit der Lampe beleuchten. Der Anblick des blauen offenen Meeres und der Sonne, die vom äußeren Riff hereinscheint, wenn man aus der Höhle schwimmt, wirkt irgendwie erleichternd.

MEERJUNKER [*TIRDA*]

Meerjunker wie der Regenbogen-Meerjunker (*Coris julis*) [*Gharusa*] und der Meerpfau (*Thalassoma pavo*) [*Lhudi*] leben bei Felsblöcken und Algenwiesen und sind aufgrund ihrer leuchtenden Farben und ihrer Neugier sofort zu sehen; sie folgen den Tauchern überallhin. Diese Fische sind zunächst Weibchen, aber in einer großen Gruppe macht das größte Weibchen eine Geschlechtsumwandlung samt einer vollständigen Farbveränderung durch und allmählich bildet sich ein Übermännchen mit einem Harem heraus. Wenn das Männchen stirbt oder gefressen wird, beginnt das nächstgrößere Weibchen mit dem Geschlechtswechsel.

HYDROZOEN/QUALLEN [*BRAMA*]

Quallen und Hydrozoen sind eng mit Korallen und Seeanemonen verwandt. Die Qualle ist im Grunde eine freischwimmende Form des gleichen Typs Lebewesen wie das Hydrozoon, das allgemein Meduse genannt wird. Die Ohrenqualle (*Aurelia aurita*) ist eines der wenigen Tiere, das man in allen Weltmeeren findet, wo es während der Planktonblüte im Frühjahr und Herbst in großen Ansammlungen vorkommt.
.i.;Knollenquallen (*Cotylorhiza tuberculata*) kommen in den Sommermonaten in großen Mengen zu den Inseln. Sie haben einen Umfang von über 30 cm, sind wie ein Schmuckstück mit warzigen Höckern besetzt und hervorragende Fotomotive.

7 THE BLUE DOME (GHASRI VALLEY) (CATHEDRAL CAVE)

★★★★★★★★

Lage: Zwischen Reqqa Point und Forna Point, ein tiefer, gewundener Einschnitt in der Landspitze.
Zugang: Vom Ufer möglich, was allerdings eine mühsame Kletterei erfordert (vor allem nach Regen, weil das Tal sehr schnell verschlammt), über Fels und Stufen hinab, und dann ist ein langes Stück zu schnorcheln. Am besten mit dem Boot.
Bedingungen: Geschützte kleine Bucht, ideal für Taucher.
Durchschnittliche Tiefe: 12–30 m
Maximale Tiefe: 30 m
Durchschnittliche Sicht: 25 m

Man beginnt diesen Tauchgang am besten auf der rechten Seite einer stark geneigten Wand, die unter Wasser zu einer mächtigen Ansammlung großer, runder Felsen abfällt, die mit Algen, Seeigeln und Violettroten Seesternen *(Ophidiaster ophidianus)* bedeckt sind. Im Flachwasser tummeln sich große Mengen Mönchsfische *(Chromis chromis)*, und hier haben wir auch unser erstes Europäisches Seepferdchen *(Hippocampus ramulosus)* der Maltesischen Inseln gesehen, fast perfekt getarnt zwischen den stacheligen Algen. Am besten an diesem Tauchgang ist jedoch die Höhle. Der Eingang liegt nur 5 m unter Wasser und führt in ein riesiges Gewölbe, wo man auftauchen und plaudern kann. Da sich die Kuppel über dem Wasserspiegel befindet, besteht keine Gefahr für die Meeresarten an der Decke durch die ausgeatmete Luft. In der Höhle gibt es kaum Fische, aber die Wände sind mit zarten Korallen, Hydrozoen, Schwämmen und Gelben Krustenanemonen *(Parazoanthus axinellae)* bedeckt. Auf dem Boden in der Höhle liegen massive Felsen, und der Blick nach draußen auf das blaue Meer ist atemberaubend schön, ideal für Silhouettenfotos.

Die häufigste Krebsart auf den Maltesischen Inseln ist der Einsiedlerkrebs, der zur Familie der Paguridae gehört und große Ähnlichkeit mit anderen Zehnfußkrebsen dieser umfangreichen Familie hat. Die nur wenige Zentimeter großen Einsiedlerkrebse sind nur an der äußeren Körperhälfte gepanzert, während der Carapax oder Kopf vielen Garnelenarten ähnelt, wenn auch stärker gepanzert und mit mehr stacheligen Auswüchsen. Die innere Hälfte des Hinterleibs ist lang und weich, asymmetrisch, ungeschützt und gewunden, damit er sich der Windung der Schalenbehausung anpassen kann. Einsiedlerkrebse haben einen starken Muskel, mit dem sie die oberen Körperteile zum Schutz in eine leere Weichtierschale zurückziehen können.

Mobile Behausung

Diese anpassungsfähigen kleinen Krebse sind auf dem Meeresboden und Felsriffen ständig auf Nahrungssuche und klauben alle essbaren Abfälle auf. Ihr mobiles Zuhause tragen sie auf dem Rücken und stehlen anderen Einsiedlerkrebsen die Behausung, wenn sie größer werden, wobei sie die Schalen oft mehrmals am Tag wechseln.

Von den sieben Arten in den maltesischen Gewässern ist der Große Rote Einsiedlerkrebs (*Dardanus arrosor*) am häufigsten. Er scheut Taucher und zieht sich in seine Behausung zurück, sobald jemand zu nahe kommt. Der vergleichsweise große Einsiedlerkrebs hat auf den Scheren und größeren Beinen warzige Höcker und feine haarartige Stacheln. Er kann gegenüber Nachbarn sehr aggressiv werden und wechselt ständig seine Schale.

Der Gestreifte Felseneinsiedler (*Pagurus anachoretus*) ist eine kleinere Art und lebt in leeren Gehäusen der Wellhornschnecke. Er ist überwiegend rötlichbraun, hat helle Streifen auf den glatten Beinen und Scheren, wirkt ziemlich haarig und hat leuchtendgrüne Augen.

Die kleinste Art ist der Bunte Einsiedler (*Calcinus tubularis*);. Dieser kleine Krebs mit roten Punkten auf den weißen, spitzen Scheren und mit bläulich getönten Beinen ist oft in Kauri- und dünnlippigen Kegelschnecken zu finden, für die der schlanke Körper am besten geeignet ist.

Einsiedlerkrebse tragen ihr mobiles Zuhause mit sich herum, um ihren weichen Hinterleib zu schützen.

Große Rote Einsiedlerkrebse (Dardanus arrosor) *suchen ständig nach neuen Gehäusen.*

Der Rote Einsiedler

Der größte Einsiedlerkrebs ist der Rote Einsiedler (*Dardanus calidus*), der bis zu 12 cm groß werden kann. Er braucht zum Schutz eine weit größere und schwerere Schale als die anderen Krebse und benutzt oft Tritonshörner (*Charonia spp.*) oder Riesen-Tonnenschnecken (*Tonna galea*). Als zusätzlichen Schutz setzt er sich auch die parasitäre Seeanemone *Calliactis parasitica* auf die Schale, oft zwei oder drei auf einmal. Der Krebs und die Anemone leben in echter Symbiose: der Krebs füttert die Anemone mit Nahrungspartikeln, die ihrerseits einen Schutzschleier gegen Fressfeinde wie kleine Fische bietet.

Einsiedlerkrebse sind ein wichtiges Glied im Ökosystem des Meeres, da sie auf dem Meeresboden verrottende Materie fressen. Im übrigen geben sie hervorragende Fotomotive ab.

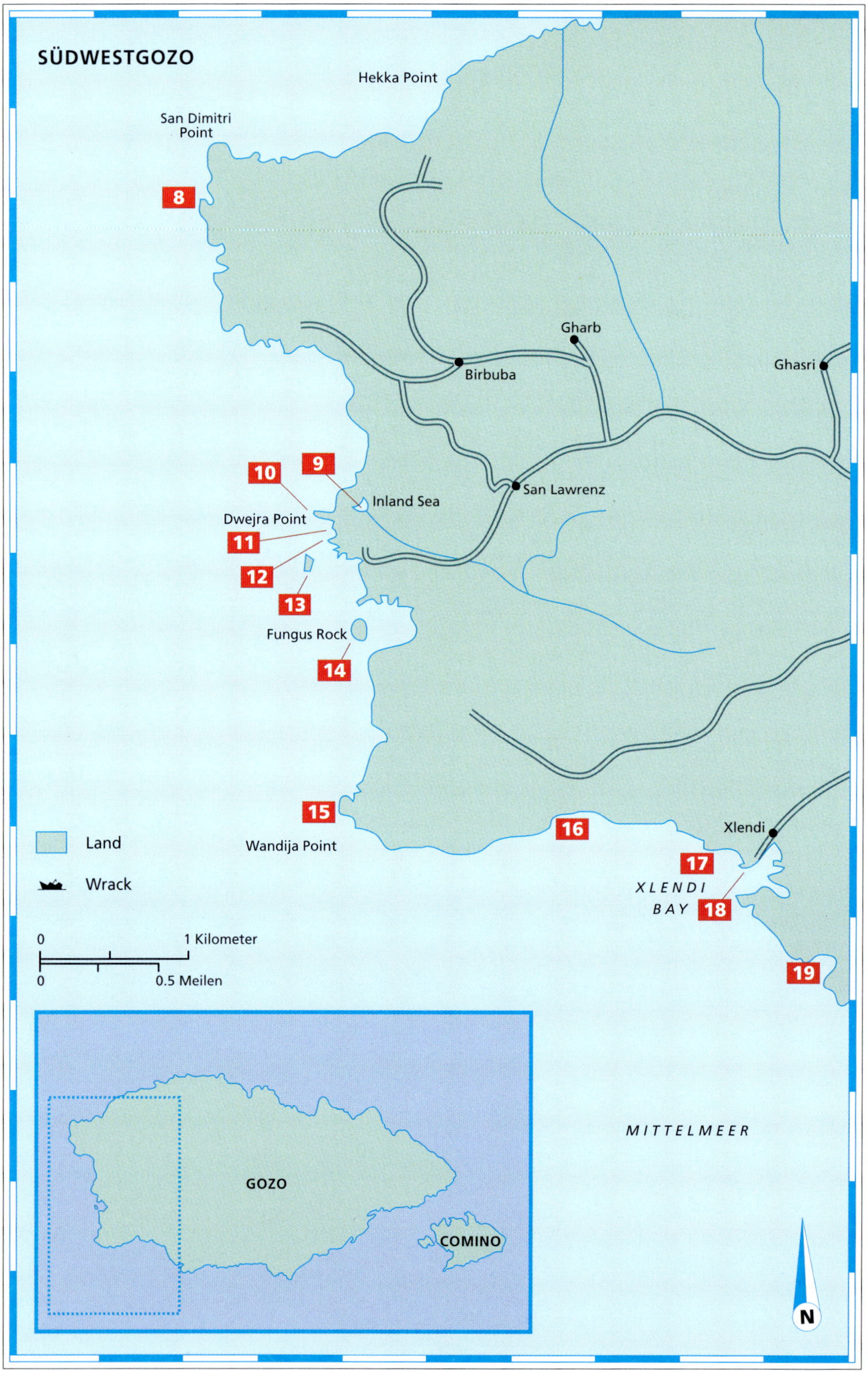
SÜDWESTGOZO
Hekka Point
San Dimitri Point
8
Gharb
Birbuba
Ghasri
10
9
Inland Sea
San Lawrenz
Dwejra Point
11
12
13
Fungus Rock
14
15
Wandija Point
16
Xlendi
17
XLENDI BAY
18
19
Land
Wrack
0
1 Kilometer
0
0.5 Meilen
GOZO
COMINO
MITTELMEER
N

8 SAN DIMITRI POINT

★★★★★★★★

Lage: Direkt südlich von San Dimitri Point, dem westlichsten Punkt auf Gozo.
Zugang: Nur mit dem Boot.
Bedingungen: Können bei kabbeliger See und Strömung schwierig sein; nur bei völlig ruhigem Meer und östlichem Wind tauchen.
Durchschnittliche Tiefe: 25 m
Maximale Tiefe: Über 60 m
Durchschnittliche Sicht: 50 m

Ein flaches Riff springt von einem geschützten Horn vor der Landspitze vor, wo das Tauchboot in 6 m ankern kann. Die Riffspitze eignet sich hervorragend für Sicherheitsstopps am Ende des Tauchgangs. Der erste Abschnitt der Wand ist recht sanft, dann kommt man zu einigen hausgroßen Felsen mit senkrechten Wänden. Schwimmen Sie im offenen Wasser genau westwärts – Sie kommen an einigen großen Schwärmen Europäischer Barrakudas *(Sphyraena sphyraena)* vorbei –, machen Sie dann kehrt und kommen Sie zur Wand zurück, die sich nach Süden wendet. Zackenbarsche sind gut vertreten, ebenso Zahnbrassen, dazu abertausende von Mönchsfischen und große Schwärme von Goldstriemen *(Sarpa salpa)*, die die algenbedeckten Felsen abweiden. Auf der Innenseite des Felsbandes liegt zwischen der Riffplattform und der Küste ein Gully, der gut geschützt und prallvoll mit Meeresleben ist.

9 INLAND SEA

★★★★★★★

Lage: Am Dwejra Point exakt nach rechts bis zu der kleinen eingeschlossenen Bucht vor den Fischerhütten und der kleinen Snackbar.
Zugang: Vom Ufer; auf dem Wasser hinausschwimmen, dann an der Ecke der linken Seite abtauchen, um den vielen Booten auszuweichen, die Touristen auf dieser herrlichen Landspitze umherfahren.
Bedingungen: Nur tauchen, wenn das Wasser kristallklar ist, da die Binnenbucht nach starkem Regen völlig verschlammt, sodass an Tauchen praktisch nicht zu denken ist.
Durchschnittliche Tiefe: 18 m
Maximale Tiefe: 25–60 m
Durchschnittliche Sicht: 30 m; Lampe ratsam

Bei idealen Bedingungen ist dies ein phantastischer Tauchgang an einer schmalen Schlucht, die sich 80 m durch die Landspitze zum offenen Wasser dahinter zieht. Über einem fahren pausenlos Boote herum, aber die Wand ist so tief, größtenteils senkrecht und überhängend, dass keine Kollisionsgefahr besteht, außer am Beginn des Tauchgangs und am Ende, falls man an derselben Stelle wieder aufsteigt. Der Blick hinaus in das tiefblaue, offene Meer ist märchenhaft. Es ist einer der faszinierenden Momente des Tauchens, die die Natursportart Tauchen kennzeichnen. Um die Ecke rechts wie links gibt es weitere senkrechte Spalten in der Felswand, die auf allen Ebenen erkundet werden können und ein reiches Meeresleben bieten. Diesen Ausflug nach rechts oder links vom Inland Sea sollte man nicht versäumen.

10 AZURE WINDOW (DWEJRA POINT)

★★★★★★★★

Lage: Unterhalb der Spitze von Dwejra Point, ein unübersehbarer natürlicher Bogen.
Zugang: Mit dem Boot möglich, beliebter ist jedoch der Zugang durch das Blue Hole (Nr. 11).
Bedingungen: Bei rauhem Wetter starke Dünung möglich, aber kaum Strömung.
Durchschnittliche Tiefe: 20–35 m
Maximale Tiefe: Über 60 m
Durchschnittliche Sicht: 45 m

Der Name „Azurblaues Fenster" geht auf den Blick zurück, den man aus dem Wasser auf den Bogen darüber hat, der das Azurblau spiegelt, als blicke man durch ein riesiges Fenster. Mächtige Felsen liegen unter dem Bogen, von dem sie gestürzt sind (was ein wenig beunruhigend ist). Das Meeresleben ist vielfältig, und die Felsen sind mit Eisseesternen *(Marthasterias glacialis)* und kleinen Röhrenwürmern *(Bispira vulticornis)* übersät. An den Wänden trifft man auf Mönchsfische, Lippfische, Papageifische und viele Brassenarten, und weiter unten zwischen den großen Felsblöcken sieht man Braune Zackenbarsche *(Epinephelus guaza)*, die an der gelbgeränderten Rückenflosse zu erkennen sind. Man kann hier die ganze Vielfalt mediterraner Fauna und Flora erleben. Dies ist ein herrlicher Tauchgang, wie die gesamte Gegend, und die Taucher schwimmen um die Landspitze und zurück zum Blue Hole, das der beste Ein- und Ausstiegspunkt ist.

BARRAKUDAS [*LIZZ*]

Einer der größten dieser silbrigen Raubfische vor den Inseln ist der ansonsten im Mittelmeer vergleichsweise seltene Europäische Barrakuda (*Sphyraena sphyraena*). Dieser aggressiv wirkende Fisch schwimmt als Jungtier in großen Schwärmen und ist dann später in kleineren Jagdverbänden oft bei Grotten zu sehen. Erwachsene Barrakudas können 1,8 m groß werden und jagen als Einzelgänger, verstecken sich unter ankernden Booten und lauern Fischen aller Art auf – sogar der eigenen. Am San Dimitri Point vor Gozo ist immer ein großer Schwarm von Barrakudas zu finden.

Trugkorallen (Myriapora truncata) *sind empfindlich und brechen leicht ab.*

11 THE BLUE HOLE AND THE CHIMNEY

★★★★★★★★★

Lage: Direkt vor dem Azure Window (Nr. 10), am Fuß von Dwejra Point.
Zugang: Mit einem ziemlich anstrengenden Fußmarsch über alten Korallenkalkstein. Der holprige Weg führt hinunter zum Ufer, wo ein Flachwasserschelf nach rechts zum Blue Hole führt.
Bedingungen: Im Loch meistens geschützt, da es durch einen Felssaum abgeschirmt wird.
Durchschnittliche Tiefe: 20 m
Maximale Tiefe: 45 m
Durchschnittliche Sicht: 45 m

Das Blue Hole ist eine natürliche Felsformation, die Wind und Wellen im Lauf der Jahrhunderte gestaltet haben. Dieses Gebiet mit einem geschützten Einstieg zu mehreren Tauchgängen kann einen mächtigen Bogen vorweisen, der in 8 m Tiefe beginnt und oben flach, fast quadratisch und mit Gelben Krustenanemonen *(Parazoanthus axinellae)* bedeckt ist. Am Grund des Lochs befindet sich eine große Höhle, die ebenfalls sehenswert ist. Der Tauchgang führt dann nach links (Westen) herum bis zu einem Spalt in der fast senkrechten Wand. Er öffnet sich in etwa 6 m Tiefe; direkt vor einem ist ein weiteres, sehr viel kleineres Loch, das ideale Fotos zulässt. Zurück geht es auf demselben Weg zum Blue Hole oder dem flachen Riff direkt links von der Landspitze mit dem Blue Hole. Später am Tag ist dieses Gebiet stark besucht, brechen Sie also früh auf (vor 9.30 Uhr), damit Sie es für sich haben.

Fahnenbarsche [*Pixxiroza*]

Der Fahnenbarsch oder Rötling *(Anthias anthias)* ist ein äußerst reizvoller Fisch und im Mittelmeer sehr selten. Er ist normalerweise in Spalten und in schattigen Riffbereichen zu finden und wagt sich selten ins Freie. Eine größere Zahl ist am Eingang zur Coral Cave und in der Höhle unterhalb des Blue Hole auf Gozo anzutreffen, aber ansonsten sind sie selten.

12 CORAL CAVE

★★★★★

Lage: Links von der Landspitze, bevor man auf dem Weg weiter hinunter zum Blue Hole am Dwejra Point geht.
Zugang: Vom Ufer; man folgt der Verwerfungslinie nach links an den alten, vom Meer geformten Salzpfannen vorbei bis zum Wasser. Man muss 2 m weit ins Wasser springen, ist aber direkt über der Korallenhöhle.
Bedingungen: Kabbelige See möglich.
Durchschnittliche Tiefe: 25 m
Maximale Tiefe: 30 m
Durchschnittliche Sicht: 45 m

Der Einstieg mag zunächst schwierig erscheinen, ist aber

der beste Zugang und erübrigt die meiste Zeit für die Höhle. Hinter der großen, halbkreisförmigen Öffnung liegt sandiger Boden und ein Haufen Felsblöcke unter dem Eingang. Der schlammige Sand fällt bis auf 21 m ab, wo man auf große Zylinderrosen *(Cerianthus membranaceus)* stößt. Am Höhleneingang sieht man auch die ziemlich seltenen Fahnenbarsche *(Anthias anthias)* in größerer Zahl. Wenn man sich nach rechts (Norden) wendet, kommt man zu einer senkrechten Wand, die auf 30 m abfällt; dort sind Einsiedlerkrebse, Seesterne, Röhrenwürmer und farbenfrohe Kleine Rote Drachenköpfe *(Scorpaena notata)* zu Hause. Überall sind Schriftbarsche *(Serranus scriba)* zu sehen, dazu Papageifische, Bernsteinmakrelen, Lippfische und Mönchsfische. Borsten- oder Feuerwürmer *(Hermodice carunculata)* sind ebenfalls vertreten, man sollte sie aber nicht berühren. Der Ausstieg erfolgt über das Blue Hole.

13 CROCODILE ROCK

★★★★★★★

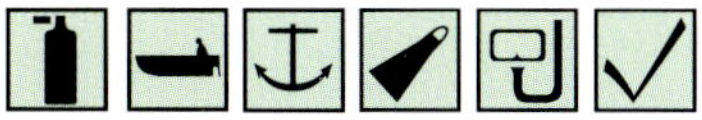

Lage: Der krokodilförmige Fels direkt vor der Küste zwischen Dwejra Point und Fungus Rock.
Zugang: Mit dem Boot und vom felsigen Ufer.
Bedingungen: Die See kann kabbelig sein, an der äußeren Wand sind Dünung und leichte Strömung möglich.
Durchschnittliche Tiefe: 35 m
Maximale Tiefe: 45 m
Durchschnittliche Sicht: 45 m

ROCHEN [*HAMIEMA*]

Der Adlerrochen *(Myliobatis aquila)* *[Hamiema komuni]* ist im Tiefwasser an den Rändern von Wänden zu finden, insbesondere vor dem Crocodile Rock und Fungus Rock von Gozo. Dieser große Rochen hat eine schweineähnliche Schnauze, mit der er im Sand nach Krebsen und Weichtieren sucht. Der Torpedorochen (*Torpedo marmorata*) [*Haddiela komuni*] ist sehr viel kleiner und wird nur etwa einen Meter lang. Der abgerundete Körper hat zwei elektrische Organe, mit denen die Beute betäubt wird. Nagelrochen (*Raja clavata*) [*Raja tal-fosos*], die bis zu einem Meter groß werden, kommen häufiger vor und sind an der gesamten Küste im Flachwasser anzutreffen. Sie sind ungefähr rautenförmig und haben nagelkopfähnliche Hautzähne auf Rücken und Schwanz.

Das Tauchboot ankert über dem Felsenriff zwischen Crocodile Rock und der Küste, wo das Wasser etwa 7 m tief ist. Die Felsplattform hier ist tief gefurcht und mit verschiedenen Algenarten bedeckt, darunter Trichteralgen *(Padina povonia)* und die Gingkoblättrige Caulerpa *(Udotea petiolata)*. Folgt man dem Riff zum Südrand des Felsens, kommt man zu einem natürlichen Amphitheater mit fast senkrechten Wänden. Schwimmt man weiter nach rechts, stößt man auf einige tiefe Risse; der Boden an der Wand geht in den stark geneigten Meeresboden mit mächtigen, algenbedeckten Felsblöcken über. In diesem Gebiet sind Zackenbarsche und große Goldstriemenschwärme *(Sarpa salpa)*

Die Rote Seescheide (Halocynthia papillosa) *gehört zur Familie der Manteltiere.*

häufig. Zum Ausstieg geht es auf demselben Weg zurück, aber in sehr viel flacherem Wasser, immer um den Felsen herum, oder indem man dem größten Riss hinauf zur flachen Riffplattform folgt, wo das Tauchboot wartet.

14 FUNGUS ROCK

★★★★★

Lage: Der mächtige Felsen vor dem Ufer am Eingang zur Dwejra Bay.
Zugang: Mit dem Boot.
Bedingungen: Innen geschützt, an der äußeren Wand kann es jedoch kabbelig werden, dazu Dünung und leichte Strömung möglich.
Durchschnittliche Tiefe: 30 m
Maximale Tiefe: Über 60 m
Durchschnittliche Sicht: 45 m

Durch den nördlichen Teil dieses kompakten Kalksteinklotzes geht ein Loch. Unter wie über Wasser ist die Szenerie gleich stark, mit senkrechten Wänden, Spalten, Gullys und Grotten in übereinanderliegenden Felsblöcken. Die Wände sind mit Algen, Seeigeln, Röhrenwürmern, Seesternen, Borstenwürmern und Rote Seescheiden *(Halocinthya papillosa)* bedeckt, deren leuchtendes Rot sofort ins Auge sticht. In diesem Gebiet wird gefischt, sodass es außer Mönchsfische kaum Fische gibt, doch weiter draußen im tieferen Wasser sieht man regelmäßig Adlerrochen und große Stachelmakrelen.

15 WARDIJA POINT

★★★

Lage: Direkt unter den Kliffs von Wardija Point, der Südwestspitze von Gozo.
Zugang: Nur mit dem Boot.
Bedingungen: See kann bei Dünung kabbelig sein, da das Gebiet ziemlich exponiert ist; mit starker Strömung ist zu rechnen.
Durchschnittliche Tiefe: 30 m
Maximale Tiefe: 50 m
Durchschnittliche Sicht: 50 m

LANGUSTEN [*AWWISTA*]

Bärenkrebse (*Scyllarides latus*) und die Europäische Languste (*Palinurus elephas*) sind sehr selten. Sie bewohnen die steinigen Riffbänder und meiden direktes Sonnenlicht; sie gehen nachts auf Nahrungssuche und ziehen sich mit schnellen Schwanzbewegungen zurück. Der Hummer (der eher mit der Nordsee in Verbindung gebracht wird) ist ebenfalls selten, da er seit vielen Jahren kommerziell gefangen wird. In den Wintermonaten kann man ihn noch sehen, wenn die Wassertemperatur sinkt und die Tiere aus dem tiefen Wasser nach oben kommen.

SCHNECKEN [*BEBBUX TAL-BAHAR*]

Die Familie der Weichtiere ist vor den Maltesischen Inseln artenreich vertreten, einschließlich Kraken, Kalmare, Sepien und Nacktschnecken. Die Schuppige Feilenmuschel (*Lima lima*) versteckt sich in den Spalten der Felswände und ist an den langen Tentakeln zu erkennen, mit denen sie Feinde abwehrt. Kaurischnecken sind selten (*Cypraea spurca* und *Cypraea lurida*). Ihre schützenden Körperteile oder der Mantel legen sich um die Körperschale und verleihen ihr einen herrlichen Glanz. .i.;Wellhornschnecken (*Buccinum corneum*) und Nadelschnecken (*Cerithium vulgatum*) sind überall und in allen Lebensräumen zu sehen.

Wie die meisten anderen Tauchgebiete von Gozo ist auch dies ein Tieftauchgebiet. Bei diesen Tauchgängen sollte man schon erfahrener als Taucher/in sein. Es gibt nicht so viele Fische wie anderswo, wegen der vielen Angler, die hier überall an den Kliffs sitzen, aber wenn man die fast senkrechte und überhängende Wand tief genug hinabtaucht, sieht man wahrscheinlich Zackenbarsche. Die Steilwand ist mit Algen bewachsen und stark verwittert; in den tausenden kleiner Löcher und Risse hausen Meerbarbenkönige (Apogon imberbis). In den beschatteten Bereichen findet man Zwergspitzkopf-Schleimfische *(Tripterygion melanurus)* und den allgegenwärtigen Schriftbarsch *(Serranus scriba)*. Die Sicherheitsstopps legt man in den flacheren Bereichen der Wand ein, bevor man zum Boot zurückkehrt.

16 ZURZIEP REEF

★★★★★★

Lage: Auf halbem Weg zwischen Wardija Point und Xlendi Bay, markiert durch eine kleine Vertäuungsboje unterhalb der senkrechten Felswände.
Zugang: Nur mit dem Boot.
Bedingungen: See kann kabbelig sein, aber nur leichte Strömung.
Durchschnittliche Tiefe: 21 m
Maximale Tiefe: Über 30 m
Durchschnittliche Sicht: 50 m

Hier taucht man am besten nachmittags, wenn die Sonne nach Westen zieht. Das Tauchboot ankert in 6 m. Es gibt eine Felsplattform am Fuß des Kliffs, nur 5 m unter Wasser, wo sich die Vertäuungsboje von St. Andrew's Divers Cove befindet. Wenn die Bedingungen es zulassen, kann man am Rand der Plattform und der Steilwand schön schnorcheln. Hier wird selten gefischt, und so findet man Brassenschwärme, aber auch Bernsteinmakrelen, Papageifische, Lippfische, Mönchsfische und Ährenfische in großer Zahl. Viele flache Höhlen beherbergen zahlreiche Kardinalfische und verschiedene Anemonenarten.

Die Steckmuschel, die tiefere Höhlen und Felsriffe bevorzugt, wird in maltesischen Gewässern selten.

Grundeln wie diese Gobius cruentatus *erfordern beim Fotografieren viel Geduld.*

17 ULYSSES CAVE

★★★★

Lage: Westlich der Xlendi Bay, außerhalb der Bucht und herum zur ersten großen Grotte in den senkrechten Felswänden.

Zugang: Nur mit dem Boot.

Bedingungen: In der Höhle kann es Brandung geben, am besten also, wenn die See ruhig ist.

Durchschnittliche Tiefe: 25 m

Maximale Tiefe: 45 m

Durchschnittliche Sicht: 25 m

Da dies ein beliebtes Fischereigebiet ist, gibt es hier keine großen Fischschwärme, dafür aber exzellente Nachttauchmöglichkeiten, denn im Licht der Lampen ist ein farbenprächtiges Meeresleben zu entdecken. Die Felsplattform links von der Höhle ist ein idealer Platz zum Richten der Ausrüstung. Die seichte Wand ist mit leuchtendgrünen Algen bedeckt, in die purpurfarbene Krustenalgen *(Pseudolithophyllum expansum)* und Trugkorallen *(Myriapora truncata)* eingestreut sind. Leuchtendrote Skorpionsfische fallen ins Auge, wie auch die hellgelben Punkte der Gelben Krustenanemonen. Eine kleine Höhle rechts von der größeren Öffnung führt zu einem Bereich, wo Süß- und Meerwasser sich mischen und eine milchigblaue .i.Halokline; bilden. Auch einige schöne Felsformationen sind zu sehen.

18 XLENDI CAVE AND REEF

★★★★

Lage: An der Nordecke der Xlendi Bay, über die Landspitze und hinaus zum äußeren Riff.

Zugang: Der bevorzugte Einstieg zu diesem Küstentauchgang ist ein Sprung von einer erhöhten Plattform hinter dem Shop von St. Andrew's Divers Cove. Von hier auf dem Wasser durch die Bucht schwimmen, bis man den Höhleneingang findet – direkt unter den hellgrünen Pflanzen auf der ansonsten nackten Kalksteinwand.

Bedingungen: Geschützt, aber viel Betrieb durch Boote und Schwimmer.

Durchschnittliche Tiefe: *6 m*

Maximale Tiefe: 25 m

Durchschnittliche Sicht: In der Höhle stark schwankend, von 6 bis 30 m.

Der Tunnel durch die Landspitze ist in Xlendi Bay nur 2 m tief und 6 m auf der anderen Seite, man kann also hindurchschnorcheln. Von hier taucht man nach links zur angenehmen äußeren Steilwand und um das Riff herum, das sich von der Landspitze unter Wasser ausbreitet. Ein Teil davon bildet einen Pfeiler, den Boote meiden sollten. Die Höhle ist vor allem nachts beliebt, denn es ist ein schöner, leichter Tauchgang in flachem Wasser – sie ist auch bei weniger erfahrenen Tauchern beliebt und für viele das erste Höhlenabenteuer unter Wasser. Die Höhlenwände sind mit farbenprächtigen Gelben Krustenanemonen, Roten Seesternen und Schwämmen sowie Grün- und Rotalgen bedeckt, und überall sieht man Borstenwürmer. In den Wintermonaten sucht ein kleiner Schwarm junger Barrakudas am Höhleneingang Schutz.

19 DAWRA TAS-SANAP

★★★★★

Lage: Die erste große geschützte Bucht südöstlich der Xlendi Bay.

Zugang: Nur mit dem Boot.

Bedingungen: Geschützt, aber Brandungswellen an der Felswand und in der Höhle möglich.

Durchschnittliche Tiefe: 20 m

Maximale Tiefe: 45 m

Durchschnittliche Sicht: 50 m

Eine tiefe Höhle und ein natürlicher, aus dem Fels gewaschener Bogen mit einer großen, halbkreisförmigen Grotte am Fuß des Bogens, wenn man in etwa 20 m nach Süden schwimmt. Die Wand fällt steil ab, und man sieht große Schwärme von Brandbrassen *(Oblada melanura)* und Goldstriemen *(Sarpa salpa)*. Am Grund des Bogens liegen einige massige, mit bunten Schwämmen bedeckte Felsblöcke, bei denen Meerpfauen *(Thalassoma pavo)* in kleinen Gruppen jagen und die Jungfische unter anderen Fischarten „aufräumen". Die Wand wird links wieder senkrecht, wenn man herum zur Bucht schwimmt, wobei man auf die üblichen Zahnbrassen und Zackenbarsche trifft. Hier wird es deutlich flacher, und man kann regelmäßig Langusten *(Palinurus elephas)* finden. Am Höhleneingang nahe der Felswand herrscht reges Meeresleben.

DIE MALTESISCHEN HAIE

Der Sharks-Club, Nr. 1818 des British Sub Aqua Club, wurde 1984 von einigen sehr erfahrenen Auslandsbriten gegründet, die auf den Maltesischen Inseln lebten und arbeiteten.

Hauptziel der Sharks ist, das ganze Jahr hindurch an immer neuen Orten zu tauchen. Ihnen ist demnach auch zu danken, dass zahlreiche abgelegenere Gebiete bei den Inseln erschlossen wurden. Sie unterrichten auch gern neue Mitglieder und Besucher. Die Sharks haben einen umfang- und ereignisreichen geselligen Kalender, und Tauchurlauber sind herzlich eingeladen, sie beim Tauchen zu begleiten.

Darüber hinaus ist jetzt auch eine Gruppe Meeresschutz gebildet worden, die mit dem Ministerium für Tourismus zusammenarbeiten und bei der Entwicklung von Meeresschutzgebieten bei den Inseln helfen soll.

Informationen gibt es bei: Jules Christians (Vorsitzender), Tel. (356) 314055, Ian Hulland (Tauchlehrer), Tel. (356) 577085, Dave Foote (Sekretär), Tel. (356) 666837.

Einige der beliebtesten Tauchgebiete der Maltesischen Inseln sind um Dewjra Point am Westende von Gozo konzentriert. Diese faszinierende Gegend ist nicht nur für ihre Besonderheiten unter Wasser berühmt. Im 17. Jahrhundert wurde bei Dewjra Point auf Gozo einer von mehreren Wehrtürmen gebaut, um die Verteidigungslinie an der Küste zu verstärken, aber auch um Fungus Rock zu bewachen.

Fungus Rock

Dieser mächtige Kalksteinklotz, ursprünglich Il-Gebla Tal-General (Der Fels des Generals) genannt, erhielt den geläufigeren Namen durch eine kleine, seltene, buschartige Pflanze, die die Ritter des Johanniterordens hier entdeckten. Der „Malteserschwamm" (*Cynomorium coccineum*), der bis 18 cm hoch wird, wurde als Mittel gegen Hämorrhoiden, Ruhr und Magengeschwüre verwendet. Bei den Arabern als „medizinische Schatztruhe" bekannt, wurde Fungus Rock von den Rittern gut bewacht, die eine frühe Form einer Seilbahn zum Festland bauten (Taucher können noch das Loch sehen, durch das das Kabel lief).

Die seichte Lagune hinter Fungus Rock (Qala Dewjra) ist inzwischen bei Schnorchlern und Freizeitpaddlern beliebt. Nördlich von Fungus Rock liegt Crocodile Rock, so benannt nach seiner krokodilförmigen „Schnauze", wenn man vom Ufer hinüberblickt. Weiter nördlich wird Dwejra Point vom Azure Window beherrscht, einem gewaltigen Naturbogen, der sich unter Wasser fortsetzt und ein beliebtes Tauchgebiet ist (Nr. 10). Vor dem Bogen befindet sich Blue Hole (Nr. 11), eine weitere natürliche Formation in der Küste aus Eisenstein.

Das Blue Hole bietet Tauchern – über scharfkantige Felsen und alte Salzpfannen – einen sicheren Zugang an dieser exponierten Landspitze. Er ist mit Versteinerungen übersät. Das durch Erosion und Gezeiten entstandene Hole ist unter Wasser durch einen spektakulären Bogen mit dem offenen Meer verbunden.

Inland Sea

Die gesamte Landspitze ist eine Ansammlung alter Versteinerungen und von riesigen senkrechten Verwerfungslinien durchschnitten, die zu Schluchten und Grotten erodiert sind. Die größte davon ist mit dem Inland Sea verbunden, an dem einige Fischerhütten stehen. Oberhalb des Dorfes befindet sich eine der heiligen Anna geweihte Kapelle, die 1963 an der Stelle dreier früherer Kapellen erbaut wurde. In einer nahen, 1729 entdeckten Höhle stand einst ein goldenes Kalb auf einem massivgoldenen Sockel, was Gozo im Volksglauben zu einer heiligen Insel machte.

Dwejra Point ist eine großartige historische Stätte und einer der besten Tauchstandorte der Inseln.

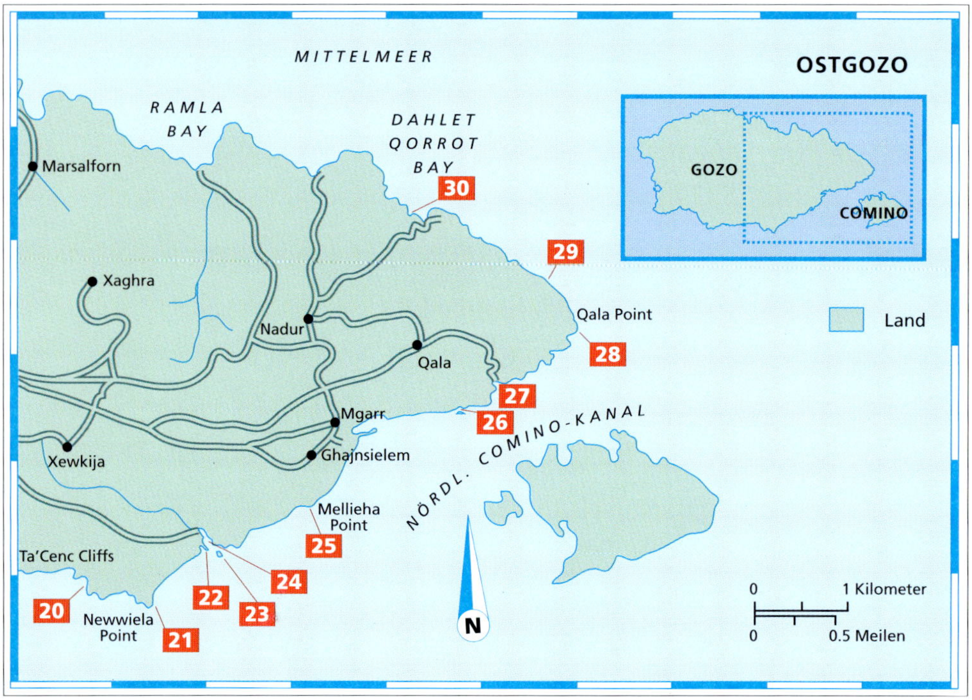

20 TA' CENC CLIFFS

★★

Lage: Unter den senkrechten Kliffs, die genau nach Westen zeigen, westlich von Newwiela Point.
Zugang: Nur mit dem Boot.
Bedingungen: Südwestlichen Dünungswellen ausgesetzt, deshalb nur bei absolut ruhiger See möglich.
Durchschnittliche Tiefe: 20 m
Maximale Tiefe: 35 m
Durchschnittliche Sicht: 45 m

Unter der senkrechten Wand springt in 8 m Tiefe eine kleine Plattform von der Landspitze vor. Sie ermöglicht sicheres Ankern und eignet sich hervorragend für Dekostopps, denn dies ist ein Tieftauchgang rund um die Wand der Riffplattform. Die Gegend ist überfischt, und so trifft man nur auf Riffbarschverbände und kleine Gruppen von Brassen, auf ein paar Zackenbarsche, Langusten und Papageifische. Die Wände sind mit Algen bedeckt, dazu mit Borstenwürmern, Seeigeln und vielen Seesternen.

FLUGHÄHNE [*BIES*]

Flughähne (*Dactylopterus volitans*) sind im Flachwasser bis 10 m zu finden. Sie leben auf schlammigem, sandigem und felsigem Grund, spreizen bei Bedrohung die großen, fächerartigen Brustflossen und „fliegen" der Gefahr davon. Meistens sieht man die lebenslang zusammenbleibenden Paare über den sandigen Grund gleiten oder mit den abgeänderten Bauchflossen über den Meeresboden „laufen". Trotz ihres Namens fliegen Flughähne jedoch nicht durch die Luft, wie die echten fliegenden Fische.

21 NEWWIELA POINT

★★★★

Lage: An der Ostseite von Newwiela Point.
Zugang: Nur mit dem Boot.
Bedingungen: Allgemein geschützt, aber von Südosten kann Dünung kommen.
Durchschnittliche Tiefe: 25 m
Maximale Tiefe: Über 35 m
Durchschnittliche Sicht: 45 m

Dies ist eine Steilwand und einige Bereiche weisen mächtige Felsblöcke auf und bieten gute Möglichkeiten, um Zackenbarsche zu beobachten. Überall sind kleine Grotten, dazu zwei eigenständige Bögen unter Wasser, von denen einer für Taucher zugänglich ist; der andere ist jedoch zu klein, bietet aber einige gute Fotomotive. Man trifft hier auf große Mengen Mönchsfische, zumeist Jungfische, die königsblau gefärbt sind. Kraken und Muränen kommen recht häufig vor; ihre Verstecke sind leicht auszumachen, weil davor Schalen und die Überreste von Krabben auf dem Grund liegen.

22 TA' CENC

★★★★

Lage: Von der privaten, zum Ta' Cenc Hotel gehörenden Felsplattform bei Mgarr ix-Xini.
Zugang: Am Ende von 103 Stufen, die vom Parkplatz zum Wasser führen. Man sollte die Erlaubnis vom Hotel einholen.
Bedingungen: Geschützte Bucht, die nach starken Regenfällen verschlammen kann.
Durchschnittliche Tiefe: 25 m
Maximale Tiefe: 35 m
Durchschnittliche Sicht: 30 m

Schwimmen Sie am Eingang der kleinen Bucht hinüber und tauchen Sie an der Wand, wobei Sie sich nach rechts (Nordwesten) wenden. Die Schlucht auf dem Weg hinaus ist mit großen Felsen übersät und geht allmählich in eine steil abfallende Wand über, die mit Algen bedeckt ist und die entsprechenden Meeresbewohner aufweist wie Meerjunker *(Coris julis)*, Schnauzenlippfische *(Symphodus doderleini)* und Anemonengrundeln *(Gobius bucchichii)*. Links vom Einstiegspunkt liegt eine schöne Höhle. In diesem Gebiet taucht man am besten nachts, wenn das Meeresleben vielfältiger und bunter in Erscheinung tritt.

23 FESSEJ ROCK (BLACK ROCK)

★★★★★

Lage: Vor der Küste der Bucht Mgarr ix-Xini am Südufer beim Hafen von Mgarr.
Zugang: Nur mit dem Boot.
Bedingungen: Ein ausgesetztes Gebiet, wo kabbelige See, Dünung und Strömung möglich sind.
Durchschnittliche Tiefe: 30 m
Maximale Tiefe: 50 m
Durchschnittliche Sicht: 30 m

Der 15 m aus dem Wasser ragende Fessej Rock stürzt 50 m senkrecht bis zum Meeresboden in ein Chaos aus Felsen. Zum Ankern muss man eine Kette um einen kleinen aus dem Wasser ragenden Felsen nahe dem Ufer legen. Dies wird wegen der Steilwand zwar immer als Tieftauchgang angegangen, es können jedoch Taucher jeglichen Levels und sogar Schnorchler die Freuden des Steilwandtauchens inmitten großer Fischschwärme genießen. Getaucht wird im wesentlichen im Umkreis des Felsens, wobei man in einer Spirale ab- und aufsteigt, damit man zum Boot zurückkommt. Es gibt große Röhrenwürmer *(Sabella spalanzani)* und Furchenkrebse (Munida rugosa), und die Taucher werden von Gruppen von Zahnbrassen *(Dentex dentex)* und Bernsteinmakrelen *(Seriola dumerili)* verfolgt. Auch Barrakudas, Thunfische und Zackenbarsche sowie Kraken und Langusten kann man bei diesem Tauchgang erleben.

24 MGARR IX-XINI

★★★

Lage: An der Bucht Mgarr ix-Xini, herum in Richtung des Privatstrandes des Ta' Cenc Hotels.
Zugang: Vom Strand am Ende der Bucht.
Bedingungen: Geschützter und einfacher Tauchgang mit wenig Bootsverkehr, aber bei Schwimmern beliebt.
Durchschnittliche Tiefe: 6 m
Maximale Tiefe: 14 m
Durchschnittliche Sicht: 15 m

Dieser Tauchgang ist wegen des Fischreichtums bei Fotografen sehr beliebt – Flughähne *(Dactylopterus volitans)*, Himmelsgucker *(Uranoscopus scaber)*, Pikarel *(Spicara flexuosa)* und sogar Europäische Seepferdchen *(Hippocampus ramulosus)*. In 14 m Tiefe etwa 100 m an der Wand nach rechts liegt eine interessante Höhle, die ziemlich tief ist und am Ende scharf und eng nach links abbiegt. Am Eingang gibt es zahlreiche kleine Löcher und Risse mit zarten .i.Moostierchen *(Reteporella septentrionalis)*; und durchscheinende Büschel-Seescheiden *(Clavelina lepadiformis)*. Man kann in der Höhle aufsteigen. Das geschützte Tal und die geringe Tiefe haben Mgarr ix-Xini zu einem beliebten Nachttauchgebiet gemacht, in dem man immer Kraken, Rote Kamm-Seesterne *(Astropecten aranciacus)* und Scheermesserfische *(Xyrichthys novacula)* antrifft, die sich im Sand verstecken, wenn man sich nähert.

25 XATT L-AHMAR

★★★★

Lage: Südwestlich von Mgarr in der Bucht, im Schutz des Landbogens von Mellieha Point.
Zugang: Kann mit dem Boot erfolgen, aber meistens vom Ufer über Felder und dann bequem zu Fuß hinunter, mit zahlreichen Ein- und Ausstiegspunkten.
Bedingungen: Im allgemeinen geschützt und kaum Strömung.
Durchschnittliche Tiefe: 9 m
Maximale Tiefe: 30 m
Durchschnittliche Sicht: 30 m

TIEFTAUCHEN

Viele Gebiete bei den Maltesischen Inseln gelten als Tieftauchgänge, die folgende Vorsichtsmaßnahmen ratsam erscheinen lassen:

- Besuchen Sie einen Tieftauchkurs.
- Tauchen Sie nur mit erfahrenen Tieftauchern.
- Steigern Sie die Tiefe langsam.
- Planen Sie den Tauchgang und tauchen Sie nach diesem Plan.
- Setzen Sie sich und andere keinem Risiko aus.
- Wenn sich Symptome zeigen, steigen Sie sofort auf, bis die Symptome vorbei sind.

Kraken und Kalmare [*Qarnita u Sicca*]

Unter den Wirbellosen haben Kraken und Kalmare das höchstentwickelte Nervensystem. Man sieht sie oft nachts die Riffe durchstreifen. Vor allem Kalmare fühlen sich offenbar von den Lampen der Taucher und der durch sie angelockten Beute angezogen. Ihr Körper ist mit Chromatophoren bedeckt, dank derer sie die Färbung ändern und sich ihrer Umgebung anpassen können. Kraken sind äußerst mobil und können sich durch Öffnungen zwängen, die um vieles kleiner als ihr Körper sind. Der Gemeine Krake (*Octopus vulgaris*) und der Langarmkrake (*Octopus macropus*) sind bei den meisten Nachttauchgängen zu sehen. Den Gemeinen Tintenfisch (*Sepia officinalis*) trifft man immer zwischen den Neptungraswiesen an. Er kann zwar ebenfalls, wie die Kraken, Körperfarbe und -form ändern, hat jedoch eine feste innere Schale (ein Überbleibsel aus der Zeit als Weichtier), die sie weniger vielseitig macht.

Dieser Tauchgang geht auf die rechte Seite des Felsbandes, das sich unter Wasser erstreckt und von 9 m auf 21 m abfällt, wo umherliegende Felsen kleine Durchlässe und schattige Bereiche mit üppigen Gelben Krustenanemonen und Trugkorallen bilden. Wie immer sind die Felsen mit dichten Algenmatten bedeckt, auf denen man Grüne Lippfische *(Labrus viridis)*, Spitzbrassen *(Diplodus puntazzo)* und die Meersau *(Scorpaena scrofa)* finden kann. Es ist geplant, hier ein Schiff als künstliches Riff zu versenken.

26 MGARR ROCK

★★★★

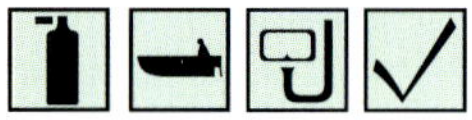

Lage: Auf der Innenseite des großen abfallenden Felsens östlich des Hafens von Mgarr.
Zugang: Mit dem Boot.
Bedingungen: Im allgemeinen geschützt; wird als Tauchgebiet für Anfänger benutzt.
Durchschnittliche Tiefe: 8 m
Maximale Tiefe: 18 m
Durchschnittliche Sicht: 15 m

Dieser große Felsen wird wegen der vielen Höhlen, Tunnel und Löcher oft mit einem Stück Schweizer Käse verglichen. Die meisten befinden sich im Flachwasser bei etwa 8 m. Weiter draußen findet man große Neptungraswiesen, aber das Hauptinteresse gilt den Höhlen, wo schwarmweise Riffbarsche, Ährenfische und Brassen um den Platz vor den Tauchern wetteifern. In den Höhlen gibt es große Violettrote Seesterne *(Ophidiaster ophidianus)* und sogar Mittelmeer-Haarsterne *(Antedon mediterranea)*. Kraken sind häufig, und auch Muränen *(Muraena helena)* sieht man im allgemeinen.

Sepien wie dieser Sepia officinalis *sind immer in der Nähe von Algenbeeten zu finden.*

27 HONDOQ BAY

★★★

Lage: Hondoq Bay.
Zugang: Parken Sie nah am Wasser, damit Sie leicht vom Ufer einsteigen können.
Bedingungen: Geschützt – wird nur für Tauchanfänger genutzt.
Durchschnittliche Tiefe: 6 m
Maximale Tiefe: 10 m
Durchschnittliche Sicht: 7 m

Dies ist eine Bucht mit Sandboden, viel Neptungras und kleinen Fischen. Es wird allgemein als „Ramschtauchen" eingestuft; man entdeckt immer interessante Einsiedlerkrebse, Schleimfische und sogar Sepien. Die Bucht (von der das Wasserrohr von Gozo nach Comino läuft) ist nicht gerade ein Renner. Sie ist aber für Nachttauchen beliebt und oft eines der einzigen geschützten Gebiete, wenn der Wind von Nordwesten kommt.

28 QALA

★★★

Lage: In der geschützten Bucht bei Qala Point.
Zugang: Mit dem Boot.
Bedingungen: Vor Nordostwind geschützt.
Durchschnittliche Tiefe: 12 m
Maximale Tiefe: 15 m
Durchschnittliche Sicht: 30 m

Der Meeresboden ist grobsandig und daher nicht anfällig für Verschlammen, sodass die Sicht hier besser als vielerorts in der Gegend ist. Die Neptungrasbänke sind über und über gesprenkelt, und kleine Felsen bilden Mikrohabitate für kleine, algenbedeckte Seespinnen, die auf den Felsen umherkrabbeln. Überall sind Einsiedlerkrebse, und es gibt viele Lippfische und Brassen. Im Seegras oder im Sand versteckt findet man des öfteren Sepien. Eidechsenfische (Synodus saurus) sind ebenso vertreten wie Gestreifte Meerbarben (Mullus surmuletus).

29 THE QUARRY (QALA)

★★★★

Lage: Nördlich der Ostspitze von Gozo.
Zugang: Nur mit dem Boot (die Zufahrt auf der Straße durch den Steinbruch existiert nicht mehr).
Bedingungen: Abhängig vom Nordwest-Majjistral.
Durchschnittliche Tiefe: 15 m
Maximale Tiefe: 30 m
Durchschnittliche Sicht: 15 m

Dieses versunkene Riff wird im allgemeinen für den Anfängerunterricht benutzt. Beginnend in etwa 6 m Tiefe fällt das Riff allmählich bis auf 30 m ab und bietet dabei Algenbewuchs, verschiedene Seegräser, Hydrozoen, kleine Fächerwürmer und Feuerwürmer (Hermodice carunculata). Alles ist gesprenkelt mit kleinen Lippfischen, Schleimfischen, Seeigeln und Mönchsfischen. In dem Wirrwarr aus Felsen liegen auch noch drei oder vier große Anker.

Eine neue Scherengarneele (Stenopus spinosus) *macht sich nachts auf Nahrungssuche.*

30 DAHLET QORROT

★★★

Lage: Westlich der Dahlet Qorrot Bay.
Zugang: Vom Ufer.
Bedingungen: Im allgemeinen geschützt, außer bei sehr widrigen Umständen mit Wind aus Nordost. Alles in allem ist dies ein leichtes, für Anfänger geeignetes Gebiet.
Durchschnittliche Tiefe: 6 m
Maximale Tiefe: 12 m
Durchschnittliche Sicht: 10 m

Dies ist meistens der Einführungstauchgang für die Tauchschüler. Das Gebiet hat ausgedehnte Flächen mit Neptungras *(Posidonia oceanica)*, dazwischen kleine Sandflecken, auf denen meistens Grasabfälle liegen. Die Landschaft ist nicht gerade umwerfend, aber man sieht fast immer Schwärme von Grünen Lippfischen *(Labrus viridis)* und Mönchsfischen *(Chromis chromis)*.

Gozo

Wie man hinkommt

Mit dem Hubschrauber: Air Malta bietet eine Verbindung zum internationalen Flughafen auf Malta. Vorausbuchungen sind bei den meisten besseren Hotels oder Tauchshops auf der Insel möglich, aber auch bei Ihrem lokalen Reisebüro.

Mit der Fähre: Das ist die beliebteste Möglichkeit: die Fahrten erfolgen täglich alle 45 Minuten von 6 Uhr früh bis nach Mitternacht. Betreiber ist die **Gozo Channel Company**, der Fährbetrieb geht von Juni bis September. Die Fähren fahren von Cirkewwa an der Nordwestspitze Maltas zum Hafen Mgarr auf Gozo. Bezahlt wird auf der Rückfahrt von Gozo nach Malta; Hin- und Rückfahrt kosten 5,75 Lm für den Wagen und 1,75 Lm pro Person. Im voraus buchen ist nicht nötig, aber die frühen Fähren (vor 9 Uhr) sind häufig sehr voll, ebenso die am Freitag abend, wo es oft zu Verspätungen kommt.

Wie man herumkommt

Die meisten Besucher **mieten einen Wagen** auf Malta und nehmen ihn auf der Fähre mit nach Gozo. Es ist relativ einfach sich zurechtzufinden, da alle großen Straßen strahlenförmig von der Hauptstadt Victoria ausgehen. Das Einbahnstraßen-System in der Innenstadt kann verwirren. Vor Ort kann man einen Wagen bei **Victor J. Borg Enterprises**, Tel. (356) 552908, mieten.

Die örtlichen **Busse** verkehren ziemlich planlos, außer der Nr. 25, die den Hafen Mgarr am Fährterminal mit dem Zentrum von Victoria verbindet. **Taxis** sind ebenfalls vorhanden, aber ziemlich teuer.

Gozo Spitze

Die Maltesischen Inseln sind berühmt für ihre Spitzen, die zu einem Großteil auf Gozo angefertigt werden. Achten Sie beim Kauf von Spitzen darauf, dass sie echte Handarbeit sind. Etiketten mit der Aufschrift „Made by hand" besagen unter Umständen nur, dass die Maschine von Hand betrieben wurde.

Jedes handgearbeitete Stück ist in Art und Festigkeit anders, je nach Klöpplerin, und folgt einem Schablonenmuster, das mit Klöppeln auf das Klöppelkissen geheftet ist. Zu den Mustern handgearbeiteter Spitzen gehören im allgemeinen das Malteserkreuz, Sonne, Mond und Lebensbaum, Muster, die die weltoffene Zusammensetzung der ersten Ritter vom Jerusalemer Johanniterorden widerspiegeln. Schwarze Spitze, wie Königin Viktoria sie liebte, wird heute kaum noch hergestellt, weil schwarze Fäden die Augen zu sehr anstrengen.

Denken Sie daran: selbst in der kleinsten Klöppelarbeit stecken viele Stunden Arbeit – für eine große Tischdecke braucht man eventuell ein bis anderthalb Jahre; widerstehen Sie deshalb der Versuchung zu feilschen.

Wo man absteigen kann

Die Hotels auf Gozo haben einen hohen Standard und die meisten auch ein gutes Restaurant. Für Selbstversorger gibt es umgebaute Farmhäuser für bis zu acht Personen, viele davon auch mit eigenem Swimmingpool. Diese Unterkünfte sind sehr beliebt und müssen im voraus gebucht werden, entweder über die Tauchschule vor Ort oder über **Gozo Holidays**, Dunny Lane, Chipperfield, Hertfordshire WD4 9DQ, Großbritannien, Tel. (01923) 260919, Fax (01923) 263482, E-Mail: gozo.holidays@dial.pipex.com.

Calypso Hotel, Marsalforn, XRA 105, Tel. (356) 562000, Fax (356) 562012.
Einfache, aber geräumige Zimmer.
Vier Restaurants, darunter ein chinesisches; am Wasser bei Calypso Divers gelegen. Das Parken an der Seeseite kann schwierig werden.

Cornucopia Hotel, 10 Gnien Imrik St, Xaghra, Tel. (356) 552633, Fax (356) 552910.
Im Landhausstil umgebaut, mit Natursteinmauern, schönen Holzmöbeln und vielen Antiquitäten. Reizvolles Restaurant, zwei Swimmingpools.

St. Patrick's Hotel, 12 Xlendi Seafront, Xlendi Bay, Tel. (356) 562951, Fax (356) 556598.
Beliebtes neues Hotel direkt am Wasser und neben der Tauchschule St. Andrew's Divers Cove. Internationales Restaurant und Café im Freien am Wasser.

Ta' Cenc Hotel, Sannat, Tel. (356) 556819, Fax (356) 558199.
Hervorragendes 5-Sterne-Hotel, Küche mit gutem Ruf. Unterkünfte im Bungalowstil auf ausgedehntem Gelände bei Sannat, zwei Swimmingpools. Privat„strand" (praktisch ein steiniger Strandstreifen) mit ausgezeichneten Tauchmöglichkeiten.

Wo man essen kann

Die meisten Urlauber essen in ihrem Hotel, wo die Küche im allgemeinen sehr gut ist, vor allem das Barbecue am Freitag abend im Cornucopia, die Teigwaren und Mittagessen im St. Patrick's sowie die Abendbuffets im Ta' Cenc. Für Selbstversorger und diejenigen, die gern auswärts essen, hier jedoch eine kleine Auswahl:

Auberge Chez Amand, Gharb Rd, Victoria, Tel. (356) 551197.
Belgische Küche in rustikaler Umgebung.

Jeffreys, Gharb Rd, Gharb, Tel. (356) 561006.
Gutes Preis-Leistungsverhältnis in rustikaler Umgebung; täglich wechselnde Karte.

Oleander Bar and Restaurant, 10 Victory Square, Xaghra, Tel. (356) 557230.
Sehr gute lokale Spezialitäten, frischer Fisch, Teigwaren, maltesische Weine (probieren Sie den *Frizzante*).

Ta' Frenc, Marsalforn Rd, Gozo, Tel. (356) 553888, Fax (356) 564271.
Im Landhausstil umgebaut in reizvoller Umgebung, vernünftige Preise und gute Küche.

Taucheinrichtungen

Auf Gozo gibt es neun eingetragene Tauchveranstalter. Eine komplette Liste erhält man bei den Auslandsbüros des Maltese Tourist Office (vgl. Seite 16) oder bei der Federation of UnderwaterActivities in Malta (FUAM), PO Box 29, Gzira, Malta.

Atlantis Dive School, Qalla St, Marsalforn, Tel. (356) 554685, Fax (356) 555661, E-Mail: atlantis@digigate.net.
Calypso Diving Centre, c/o Calypso Hotel, Ghar Qawqla St, Marsalforn, Tel. (356) 562000, Fax (356) 562020, E-Mail: caldive@digigate.net.
Dwejra Divers, PO Box 3, Gharb GRB 101, Tel. (356) 564888, Fax (356) 552056, E-Mail: dwejra@global.net.mt.
Frankie's Diving Centre, Mgarr Rd, Xewkija,Tel. (356) 551315, Fax (356) 560356, E-Mail: frankie@digigate.net (hat auch ein Kreuzfahrtschiff für Wochentouren; Tauchgebiete sind vom Wetter abhängig).
Gozo Aqua Sports Club, Green Valley, Rabat Rd, Marsalforn, Tel. (356) 563037, Fax (356) 559938, E-Mail: gailbuge@email.keyworld.net.
Moby Dives, Trade Winds Building, Rabat Rd, Xlendi, Tel. (356) 551616, Fax (356) 564429, E-Mail: moby@digigate.net.
Nautic Team Gozo, Volcano St, Marsalforn XRA 105, Tel./Fax (356) 558507.
St. Andrew's Divers Cove, St. Simon St, Xlendi Bay, Tel. (356) 551301, Fax (356) 561548, E-Mail: standrew@digigate.net.
St. Andrew's Divers Cove, Shore St, Mgarr Harbour, Tel. (356) 556441.

Filmentwicklung

Filme werden zum Entwickeln nach Malta in die dortigen Labors geschickt.

Notfälle

Für Notfälle gibt es einen von der Air Malta betriebenen Hubschrauberlandeplatz mit direkter Verbindung zur Polizei, dem nächsten Krankenhaus und der hyperbaren Kammer auf Malta. Alle Dekompressionsunfälle werden so befördert.

Notfall	Tel. 196
Druckkammer	Tel. (356) 23476
Gozo General Hospital	Tel. (356) 561600, 566851
St. Luke's Hospital	Tel. (356) 241251, 247860

Sehenswürdigkeiten

In **Victoria** sollte man auf jeden Fall die zwischen 870 und 1200 während der arabischen Besetzung gebaute Zitadelle besichtigen.

Xlendi Bay ist bei den Einheimischen sehr beliebt und bietet großartiges Küstentauchen (Nr. 17–19).

Dieser Festungsbereich, der einer mittelalterlichen Burg ähnelt, wurde zum Schutz vor den häufigen Angriffen der Korsen von der Berberküste errichtet. Heute ist die Zitadelle praktisch unbewohnt, und es stehen nur noch einige der ursprünglichen Häuser. Besucher können auf die Wälle steigen (von wo man grandiose Ausblicke hat), durch die alten, engen Straßen wandern und in Andenkenläden die handgefertigte Spitze kaufen. Die St. Mary's Cathedral und einige Museen liegen innerhalb der Festungsmauern.

Ggantija („der Ort der Riesen") ist die wohl eindrucksvollste und besterhaltene alte Tempelanlage der Maltesischen Inseln. Die beiden Tempel von 3600 bis 3200 v.Chr. gehören zu den ältesten Monumenten der Welt unter freiem Himmel. Sie stehen am Rand eines Plateaus und sind aus honigfarbenen Steinen. Die Außenmauern bestehen aus Korallenkalk, für die Innenmauern wurde der leichter verarbeitbare, weichere Globigerinkalk verwendet, aber aus Stabilitätsgründen mit abwechselnd vorspringenden Blöcken. Anfahrt vom Bus-Terminal in Victoria, Xaghra (Bus 64 und 65).

Man kann die Glashütte auf Gozo besichtigen und den einheimischen Künstlern beim Glasblasen zusehen. Besichtigungen sind vormittags möglich, Anfragen an **Gozo Glass,** Gharb, San Lorenz Crossroads, Tel. (356) 561974, Fax (356) 560354. Sehenswert und beliebt ist auch Gozo Heritage am Rand von Mgarr, wo Artefakte der reichen Inselkultur ausgestellt werden. Anfragen an **Gozo Heritage**, Victoria, Tel. (356) 551475.

Die *Gozo Princess* bietet Tages- und andere Fahrten von der Xlendi Bay und Marsalforn zum Fungus Rock und Azure Window. Anfragen an **Xlendi Pleasure Cruises**, 'Casa Tartonio', Anici St, Victoria VCT 106, Tel. (356) 559967, Fax (356) 555667. Auch Bootsfahrten auf dem **Inland Sea** sind beliebt, vor allem dann, wenn man schon einmal dort getaucht hat.

Touristeninformationen

Gozo Tourist Office, 1 Palm St, Victoria, Tel. (356) 557047.

Die Maltesischen Inseln bieten einige der malerischsten Unterwasserhöhlen und -grotten im Mittelmeer. Ein Höhlentauchgang führt im allgemeinen in Bereiche ohne Tageslicht, erfordert Spezialausrüstung und schließt auch das Eindringen in einige Schiffswracks ein. Grottentauchen ist dagegen das, was der normale Sporttaucher beim Besuch der Maltesischen Inseln erlebt. Dabei erkundet der Taucher den Eingangsbereich der Höhle, hat immer Kontakt zum Tageslicht und den für den Notfall sicheren Ausgang vor Augen.

Höhlen und Grotten auf Malta

Viele der beliebten Höhlen und Grotten liegen auf Comino und Gozo. Marsalforn, Xlendi Bay und Dewjra Point auf Gozo sowie die Höhlen von Comino stehen auf der Liste vieler Taucher ganz oben.

Comino hat einige verwinkelte Durchgänge und eingestürzte Höhlen vorzuweisen wie Santa Marija Cave (Comino, Nr. 3), die Tageslicht eindringen lassen und wo es von kleinen Fischen wimmelt, die von den Gästen der Schnorchelboote von Hand gefüttert werden.

Die eindrucksvolle Cathedral Cave (Gozo, Nr. 7) bietet ein mächtiges Gewölbe.

Auf Gozo findet man mehrere Höhlen und Grotten im Bereich von Dwejra (Gozo, Nr. 9-12). Bei sehr guten Bedingungen gibt es am Inland Sea einen herrlichen Grottentauchgang durch eine Landspitze ins tiefe, blaue Meer dahinter. Direkt vor dem Azure Window versteckt sich am Fuß von Dwejra Point das Blue Hole. Diese natürliche Felsformation, die im Lauf von Jahrhunderten durch Wind und Wellen geschaffen wurde, bietet einen mächtigen Bogen und eine große Höhle am Grund. Die beste Höhle in der Dwejra-Region ist Carol Cave, eine riesige, halbrunde Öffnung mit sandigem Boden und umherliegenden Felsen unter dem Eingang. Hier hat es jedoch schon Todesfälle gegeben, und es ist immer größte Vorsicht geboten.

Eine der beliebtesten Höhlen auf Gozo ist der Blue Dome (Nr. 7) am Eingang zum Ghasri Valley. Ein Eingang in nur 5 m Tiefe führt durch ein mächtiges Gewölbe, wo man auftauchen und verschnaufen kann. Der Boden im Innern der Höhle ist mit Felsblöcken übersät, und man hat einen wunderbaren Blick hinaus ins tiefblaue Meer. Ganz in der Nähe liegt Billinghurst Cave (Nr. 6), nur etwas für erfahrene Taucher. Dort dringt kaum Tageslicht ein, und die Höhle hat in der Mitte einen Knick, der das Licht noch weiter abschneidet.

Unterricht

Höhlen zu befahren, die sich über Hunderte von Metern erstrecken, ist ein ernsthaftes Unterfangen. Niemals sollten Taucher ohne geschulte Führer oder angemessene Ausbildung die Region hinter dem sicheren Eingangsbereich erkunden: Denken Sie daran – Höhlentauchen ist eine Spezialdisziplin. Bisher bietet nur eine der registrierten Tauchschulen auf Malta eine Qualifikation in dieser Disziplin. Der Kurs besteht aus zwölf Stunden Theorie und mindestens vier Höhlentauchgängen mit Doppelflaschen. Er hilft Ihnen, sichere Informationen über das Höhlenumfeld zu erarbeiten und deckt folgende Bereiche ab: Unfallanalyse, Stressmanagement,

Viele Grotten liegen tief und erfordern vom Taucher eine besondere Schulung.

psychologische Aspekte, Tauchplanung, Luftbevorratung, Leitseile und Spulen, Leitseiltechniken und -protokoll, Zusammenstellung der Ausrüstung, Notfallverhalten, Dekompression in Theorie und Praxis, Grundbesitzverhältnisse, Teammanagement und den Gebrauch von Sauerstoff. Kursbetreiber ist Aquaventure, Mellieha Bay Hotel, Tel. (356) 522141, Fax (356) 521053.

Besser wäre es aber, wenn Sie schon vor Ihrem Besuch in Malta ein entsprechendes Spezialbrevet absolviert hätten, sodass Sie hier nur Ihre Erfahrungen erweitern müßten und sich ganz auf diese faszinierende Welt der Höhlen und Grotten konzentrieren könnten.

Der Lebensraum Meer

DIE FELSKÜSTEN VON MALTA, COMINO UND GOZO

Die Maltesischen Inseln bestehen hauptsächlich aus einem alten Kalksteinriff, das auf dem Plateau eines erloschenen submarinen Vulkans sitzt und sich bis nach Sizilien im Norden erstreckt. Der Kalkstein ist unterirdisch von Höhlen durchlöchert und hat einige der weltweit spektakulärsten submarinen Naturbögen zu bieten. Die einzigen Flüsse entstehen durch abfließendes Regenwasser, das kurzzeitiges Überfluten hervorrufen und die Sicht unter Wasser in einigen Schluchten wie dem Ghasri Valley und Xlendi Bay auf Gozo fast auf Null reduzieren kann, wenngleich dieser Zustand nie lange anhält. Leichter Regen sickert durch den porösen Kalkstein bis zum Grundwasserspiegel unter der Insel, von wo er ins Meer gelangt. Die Küste und die davorliegenden Inseln haben folglich das ganze Jahr hindurch relativ klares Wasser.

Das Litoral und Sublitoral lassen sich in verschiedene Lebensbereiche unterteilen. An der Küstenlinie trifft man auf ein altes Eisensteinriff, das zumeist sehr hart ist, scharfe Grate und ausgewaschene Salzbecken aufweist, die durch das ständige Einwirken von Gezeiten, Wetter, aber auch des Menschen entstehen. Große Teile der Küste sind alter, versteinerter Meeresboden mit gut sichtbaren Überresten von Sanddollars, Weichtieren und Haarsternen. An einigen Stellen der Inseln gibt es sogar versteinerte Dinosuarierspuren.

In den tiefer liegenden Gebieten, im wesentlichen im Norden der Inseln, setzt sich die Küstenlinie dann unter Wasser fort und bildet sanft gewellte, mit verschiedenen Algenarten bedeckte Steinwiesen. Auf den offenen Sandflächen findet man im allgemeinen Stellen mit Neptungras (*Posidonia oceanica*) [*Alka* auf maltesisch], wo vor allem zahlreiche Fischarten und Wirbellose brüten.

Im Südwesten von Gozo und Malta stürzen himmelstürmende Kliffs ebensotief ins Meer, sodass das Tauchen dem Wandtauchen in tropischen Meeren ähnelt. Diese senkrechten und vorspringenden Wände sind wirklich aufregend und in jeder Tiefe gut zu erkunden. Viele Wände fallen in Tiefen jenseits der für Sporttaucher sicheren Grenze ab, sodass man also immer auf die richtige Austarierung achten sollte.

RIFFE IM MITTELMEER

Die Malta, Comino und Gozo umgebenden Riffe bestehen zumeist aus senkrechten Felswänden, großen erodierten Höhlen und Grotten sowie am Grund riesigen Felsblöcken, die aus den Wänden ins Meer gestürzt sind. Auch wenn es keine echten Korallenriffe sind, beherbergen sie doch empfindliche Lebensgemeinschaften aus Tausenden von Einzeltieren, darunter Nessel- und korallenartige Tiere.

Nesseltiere gibt es in den unterschiedlichsten Formen und Größen, von der leuchtenden Gorgonie bis zu goldfarbenen Flächen. Am stärksten ins Auge fallen bei den Inseln Weichkorallen, Becherkorallen und Krustenanemonen. Becherkorallen wie *Astroides* sind winzige, knollige Korallen, die einzeln oder in großen Kolonien wachsen und an schattigen Stellen unter Felsen sowie in Höhleneingängen zu finden sind.

Es gibt auch einige Gorgonien-Varietäten, wenngleich überwiegend im tiefen Wasser und fern der Küste und oft auf tiefer liegenden Wracks. Man kann die Gelbe Gorgonie (*Eunicella cavolinii*) und die Farbenwechselnde oder Violette Gorgonie (*Paramuricea clavata*) finden. Die als Meerhand (*Alcyonium acaule*) auch Mittelmeer-Meerhand bezeichneten Weichkorallen (*Alcyonium palmatum*) sind rot mit weißen Fresspolypen. Nähern Sie sich diesen Tieren immer mit Vorsicht; sie wiegen sich in der Strömung, und man verschätzt sich unter Wasser leicht mit der Entfernung und stößt an. Fächerkorallen sind auch die Wohnstube sehr vieler Wirbelloser wie Nacktschnecken, Garnelen und Einsiedlerkrebse.

Zu den besonders zarten Organismen in den maltesischen Gewässern gehören Krustenalgen wie das Ausgebreitete Steinblatt (*Pseudolithophyllum expansum*), die an schattigen Stellen wie Wänden und Höhlendecken oder an senkrechten Felswänden sich ausbreitende purpurfarbene Ringe bildet. Dicht daneben findet man immer Ansammlungen von Moostierchen (*Reteporella septentrionalis*) sowie die Äste der Trugkorallen *Porella cervicornis* und *Myriapora truncata*. Sie können sich leicht durch aufsteigende Luftblasen loslösen, wenn jemand in eine Höhle schwimmt; halten Sie sich mit solchen Ausflügen also möglichst zurück. (Glücklicherweise sind die Kalksteinhöhlen porös, sodass viel von der gefangenen Atemluft entweicht.) Schwämme sind ebenfalls eine der größten Tiergruppen, von denen zahlreiche zerbrechliche Arten vorkommen.

FISCH- UND ANDERES MEERESLEBEN

Es ist immer eine Freude, ein Europäisches Seepferdchen (*Hippocampus ramulosus*) zu sehen. Dieser exotisch anmutende Verwandte der Seenadeln (von denen es in den maltesischen Gewässern einige gibt) hat unglaubliche Tarnmethoden. An den fleischigen Kopffortsätzen und auf dem schuppigen Rücken setzen sich Algenpartikel an, sodass das Tier zwischen den algenverkrusteten Felsen beinahe unsichtbar ist. Da sie ruhige Bedingungen lieben, sind sie oft im Brackwasser zu finden, wo sich Süß- und Meerwasser mischen. Valletta Harbour, Mellieha Bay, Marfa Point, Mgarr ix-Xini und das Ghasri Valley eignen sich gut zum Beobachten von Seepferdchen.

Es ist ein Erlebnis, einen Kraken zu beobachten, der nachts bei den Algenwäldern umherwandert, aber man sollte sie nicht anfassen. Häufiges Berühren dieser hochentwickelten Weichtiere entfernt die schützende Schleimschicht von ihrer Haut, was zu Infektionen und zum Tod führen kann. Meeresschildkröten kommen im Mittelmeer

Paradise Bay (Malta, Nr. 26) ist ein Paradies für Tausende kleiner Fische.

sehr selten vor. Wenn Sie das Glück haben, eine zu sehen, versuchen Sie auf keinen Fall, sich an ihr festzuhalten. Wenn sie nachts schläft, halten Sie Abstand; wenn Sie sie packen, könnte sie so in Panik geraten, dass sie in eine Höhle flieht und ertrinkt, sich ernsthaft verletzt oder die Meeresumwelt zerstört.

Selbst vergleichsweise häufig vorkommenden Tieren wie Seeigeln sollte mit Achtung begegnet werden. Abgesehen davon, dass die Stachel in Ihre Haut eindringen und abbrechen können, bereitet die verbotene Handlungsweise Sorge, diese Tiere aufzuschneiden und andere Rifftiere damit zu füttern. Man sollte nicht vergessen, dass Seeigel eine wichtige Rolle bei der Eindämmung der Algen spielen.

NATURSCHUTZ AUF DEN MALTESISCHEN INSELN

Die meisten Fische weisen ein langsames Wachstumsmuster auf. Wird ein Riffbereich beschädigt, der den Lebensraum einer bestimmten Fischart oder eines Niederen Tieres bildet, kann das für die übrigen Riffbewohner verheerende Folgen haben. Leider werden in diesen Gewässer nur wenige marine Schutzmaßnahmen ergriffen, und es gibt keine offiziellen Meeresparks. Viele Tauchschulen betreiben Naturschutz auf eigene Faust, und ihre Schüler überwachen freiwillig die beliebteren Gebiete wie Marfa Point auf Malta und Dwejra Point auf Gozo. Die einheimischen Fischer misstrauen jedoch manchmal den Tauchern und schikanieren sie, wenn sie den Fanggründen zu nahe kommen. Taucher sind schon mit Steinen beworfen worden. (Als Taucher macht man sich die einheimischen Fischer am besten nicht zu Feinden und geht ihnen aus dem Weg.)

Auf jeden Fall sollten die Taucher dem Leben im Meer mit Behutsamkeit und Wohlwollen begegnen. Man muss ständig aufpassen – eine falsch plazierte Flosse oder Instrumentenkonsole kann schutzlose Meerestiere schwer verletzen oder töten. Man sollte nicht nur das Erbe der Inseln respektieren, sondern sich auch um die Zukunft ihrer Lebensräume im Meer sorgen.

SYSTEMATIK UND NOMENKLATUR

Der wissenschaftliche Name eines bestimmten Tieres ist besonders nützlich. Wer in verschiedenen Teilen der Welt taucht, stößt unter Umständen auf verschiedene Namen für das gleiche Tier, was sehr verwirren kann. Die richtige Benennung einer Art (Nomenklatur) ist für Ihre eigenen Eintragungen genauso wichtig wie für Meeresbiologen, die sich mit der marinen Flora und Fauna beschäftigen.

Die moderne binäre Nomenklatur wurde von Linné in seinem erstmals 1758 veröffentlichten Buch *Systema Naturae* entwickelt. Der wissenschaftliche (lateinische) Name des Tieres besteht aus dem Namen der Gattung, zu der es gehört, und der immer groß geschrieben wird. Als zweites folgt der artspezifische oder volkstümliche Name, der immer klein geschrieben wird – zum Beispiel *Uranoscopus scaber* (Himmelsgucker), ein Fisch, den die Malteser *Zondu* nennen.

Dem nicht professionellen Meeresbiologen stehen einige Bestimmungsbücher zur Verfügung, von denen einige am Ende dieses Buches genannt sind.

HÄUFIGE WIRBELLOSE

Die maltesische Inselkette hat aufgrund ihrer zentralen Lage im Mittelmeer ein besonders reiches Meeresleben und beherbergt viele der wirbellosen Tierarten der Region. Im folgenden eine kurze Darstellung einiger der häufigsten Wirbellosen. Die in eckigen Klammern angegebenen Bezeichnungen sind die maltesischen Namen.

Nesseltiere [*Qroll*]

In den meisten schattigen Bereichen sind kleine Nelkenkorallen (*Caryophyllia smithii*); zu finden, die bei weitem farbenprächtigsten sind jedoch die Gelben Krustenanemonen (*Parazoanthus axinellae*), die große Flächen unter Überhängen und am Eingang vieler Höhlen golden färben. Kleinere individuelle Polypen von Sternkorallen (*Astroides calycularis*) finden sich im flacheren Gewässer. Gorgonien sieht man im Flachwasser selten, und auf den tieferen, in der Strömung liegenden Riffen ist die Gelbe Gorgonie (*Eunicella cavolinii*) wahrscheinlich am häufigsten anzutreffen.

Krabben [*Granc*] (*Phylum Crustacea*)

Im Gegensatz zu den Einsiedlerkrebsen, die man überall auf den maltesischen Felsriffen findet, sind echte Krabben wie die Seespinne (*Herbstia condyliata*) ziemlich selten. Ihre größeren Verwandten, die Kleinen Seespinnen (*Maja squinado* und *Maja crispata*), trifft man jedoch bei praktisch jedem Nachttauchgang, oft in einem Algenhaufen verborgen, den sie als zusätzliche Tarnung verwenden. Der Große Rote Einsiedlerkrebs (*Dardanus arrosor*) kann auf Taucher schreckhaft reagieren.

Feuerwürmer [*Hanex*] (*Phylum Annelida*)

Der Feuerwurm (*Hermodice carunculata*) ist überall zu finden. Der Raubwurm kann 15 cm lang werden und ist besonders exotisch. Seine feinen Haare oder Borsten können jedoch leicht in die Haut eindringen und schmerzhafte Reizungen hervorrufen.

Seeigel [*Rizza*] (*Phylum Echinodermata*)

Seeigel kommen in allen Lebenräumen und Tiefen sehr häufig vor. An den Einstiegspunkten sind sie oft zu finden, und die Taucher sollten entsprechend vorsichtig sein. Auf felsigem Untergrund am häufigsten ist der Steinseeigel (*Paracentrotus lividus*), im Neptungras ist dagegen der Violette Seeigel (*Sphaerechinus granularis*) häufiger anzutreffen.

Seesterne und Haarsterne [*Stilla tal-bahar*] (Klasse *Asteroidea* und *Crinoidea*)

Der Violettrote Seestern (*Ophidiaster ophidianus*) klammert sich häufig an Sternkorallen. Ein weiterer größerer Seestern ist der Purpurstern (*Echinaster sepositus*), der immer über Algenbeeten zu finden ist. Der Mittelmeer-Haarsterne (*Antedon mediterranea*) kriecht bei Einbruch der Dunkelheit hinaus auf die Kalksteinwände.

HÄUFIGE FISCHE

Schleimfische [*Budakkri*] (Familie *Clinidae, Blennidae, Tripterygiidae*)
Nur einige Schleimfische haben Schwimmblasen; generell sitzen Schleimfische auf Korallen, Hydrozoen und Geröll. Die meisten leben in Spalten oder Löchern, die von anderen Meeresorganismen aufgegeben worden sind, und verteidigen energisch ihr Revier. Der Zwergspitzkopf-Schleimfisch (*Tripterygion melanurus*) kommt ziemlich häufig vor und liebt Höhleneingänge, ist allerdings sehr klein und schwer zu entdecken.

Gelber Spitzkopf-Schleimfisch (*Tripterygion xanthosoma*)

Brassen [*Sargu*] (Familie *Nemipteridae*)
Meerbrassen sind die größten der Artengruppe in dieser Region. Am häufigsten in Ufernähe sind die Brandbrassen (*Oblada melanura*) [*Kahlija*] und die Zweibinden-Brassen (*Diplodus vulgaris*) [*Xirghien*]. Weitere Mitglieder dieser großen Familie sind Rotbrassen (*Pagellus erythrinus*) [*Pagella*], Zahnbrassen (*Dentex dentex*) [*Denci*] und Goldstriemen (*Sarpa salpa*) [*Xilpa*], die bei den Fischern nicht beliebt und daher vor der Küste in großen Schwärmen zu finden sind.

Zweibinden-Brasse (*Diplodus vulgaris*)

Meerbarbenkönige [*Sultan ic-cawl*] (Familie *Apogonidae*)
Meerbarbenkönige (*Apogon imberbis*) sind vor den Maltesischen Inseln weit verbreitet und praktisch bei jedem Tauchgang anzutreffen, wo es felsigen Untergrund gibt, vom küstenfernen Riff bis zur Steilwand. Sie bevorzugen kleine Schlupfwinkel und leben in kleinen Gruppen zusammen. Sie sind nicht scheu und daher hervorragende Fotomotive.

Meerbarbenkönig (*Apogon imberbis*)

Meerbarben [*Trilja*] (Familie *Mullidae*)
Vor den Maltesischen Inseln trifft man auf zwei Meerbarbenarten, *Mullus barbatus* [*Trilja bla faxxi*], farblich gesprenkelt und mit einem quadratischen Kopf, und die häufigere Streifenbarbe (*Mullus surmuletus*) [*Trilja tal faxxi*], die in kleinen Gruppen mit den dafür besonders geeigneten Brustflossen im Sand nach Nahrung sucht. Mit bartähnlichen Barteln durchsucht sie den Sand nach kleinen Krebsen und Würmern.

Gestreifte Meerbarbe (*Mullus surmeletus*)

Grundeln [*Mzazen*] (Familie *Gobiidae*)
Grundeln sind kleine Fische, besitzen, wie viele Schleimfische, keine Schwimmblase und schwimmen deshalb nur in kurzen Schüben. Von Schleimfischen unterscheiden sie sich durch zwei oder drei getrennte Rückenflossen (Schleimfische haben eine vom Kopf bis zum Schwanz durchgehende Rückenflosse). Die Anemonengrundel (*Gobius bucchichii*) [*Mazzun kanella*] ist im allgemeinen nur auf Sand und am Rand von Neptungraswiesen zu finden.

Anemonengrundel (*Gobius bucchichii*)

Seepapagei (*Sparisoma cretense*)

Papageifische [*Marzpan*] (Familie *Scaridae*)
Die einzige Papageifischart im Mittelmeer, der Seepapagei (*Sparisoma cretense*), ist klein und bunt, mit dunkelrotem Körper, blaugrauen Flecken, einem gelben Streifen hinter dem Kopf und einem gelben Fleck auf dem Rücken vor dem Schwanz. Papageifische werden als Zwitter geboren und wandeln sich dann zu Weibchen; einige erreichen schließlich die Größe eines Übermännchens. Sie ziehen in kleinen Verbänden Nahrung suchend umher. Die Übermännchen werden bis zu 32 cm lang und sind matt graubraun.

Kleiner Roter Drachenkopf (*Scorpaena notata*)

Skorpionsfische [*Skorfna*] (Familie *Scorpaenidae*)
Vor den Maltesischen Inseln leben drei Arten Skorpionsfische. Die verbreitetste Art ist der Kleine Rote Drachenkopf (*Scorpaena notata*) [*Skorfna tattebgha*]. Skorpionsfische sind überwiegend nachts zu sehen, wenn die Lampe eines Tauchers zufällig die bunten Brustflossen des aufgescheucht davonschwimmenden Fisches anstrahlt.

Seepferdchen (*Hippocampus ramulosus*)

Seepferdchen [*Ziemel*] (Familie *Hippocampus*)
Vor den Maltesischen Inseln kommen zwei Seepferdchenarten vor, das seltenere und kleinere Kurzschnäuzige Seepferdchen *Hippocampus hippocampus* [*Ziemel tal-bahar halga qasir*], das eine kurze Schnauze und keine kammähnlichen Fortsätze hat, und das Europäische Seepferdchen *Hippocampus ramulosus* [*Ziemel tal-bahar halqa twil*] mit langer Schnauze und einem Kamm vom Kopf bis zur Rückenflosse.

Pikarel (*Spicara smaris*)

Silberfische (Familie *Atherinidae, Clupeidae, Engraulididae*)
Der kleinste Silberfisch, der einem am ehesten auffällt, ist die Sardine (*Sardinella aurita*) [*Lacca*]. Diese kleinen Fischen werden nur bis 8 cm lang und sind oft zusammen mit Blökern (*Boops boops*) [*Vopa*], Sardellen (*Engraulis encrasicolus*) [*Incova*] und Pikarel (*Spicara smaris*) [*Arznell*] zu sehen. Als Jungfische sind sie sehr gefährdet und bilden große Schwärme in den Gullys und Höhlen an der Küste.

Schnauzenlippfisch (*Symphodus doderleini*)

Lippfische [*Tirda*] (Familie *Labridae*)
Am häufigsten ist der Schnauzenlippfisch (*Symphodus doderleini*) [*Tirda tar-rig abjad*]. Er wird bis 20 cm groß und hat eine lange Schnauze, wulstige Lippen und ein cremefarbenes und braunes Band vor den Augen. Von den kleineren Arten ist der Grüne Lippfisch (*Labrus viridis*) [*Tirda*] am häufigsten, während der Bunte Lippfisch (*Labrus bimaculatus*) der bei weitem farbenprächtigste ist. Beide Arten machen mehrere Farbveränderungen durch, bevor sie geschlechtsreif werden.

Fotografieren und filmen unter Wasser

Für den, der seine Tauchgänge genauer festhalten möchte als nur in einem Log- oder Tagebuch, heißt die Antwort Unterwasserfotografie. Seit ich tauche, bemühe ich mich, jede Einzelheit eines Tauchgangs in Erinnerung zu behalten oder die farblichen Feinheiten der Zeichnung einer Art zu beschreiben und sie richtig zu bestimmen. Damals gab es noch nicht sehr viele Bestimmungsbücher. In den letzten 30 Jahren hat sich das jedoch gewaltig geändert. Die erste Amphibienkamera der Welt für den breiten Markt wurde von Jean de Wouters d'Oplinter entworfen und von Jacques-Yves Cousteau entwickelt. Und dann schuf die Industrie Spezialobjektive, Blitzgeräte und wasserdichte Gehäuse für die modernsten Kamerasysteme.

AUSRÜSTUNG

Der Anfänger beginnt wohl am besten mit einer Sofortbild-Einmalkamera. Sie sind preiswert und liefern sofort Ergebnisse. Solche Kameras sind normalerweise aber nur bis etwa 2 m Wassertiefe brauchbar. Alternativ kann man sich ein wasserdichtes Gehäuse leihen und so mit seiner Landkamera bis in 30 m Tiefe gehen. Wasserdichte Unterwassergehäuse können sperrig sein, aber sie sind stabil und zuverlässig und natürlich billiger als die letzte und anspruchsvollste Möglichkeit, eine spezielle UW-Kamera wie die Nikonos RS-AF. Weltweit verkaufen und verleihen Tauchschulen und Tauchshops Einmalkameras und auch anspruchsvollere UW-Fotoausrüstungen.

Beim Fotografieren unter Wasser darf man nicht nur an die Kamera denken. Da das Können zunimmt, sollte die Kamera ein voll funktionsfähiges System darstellen, das möglichst umfassend kompatibel ist. Dazu gehören mehrere Objektive, ein Blitzgerät und Verbindungen zur Kamera. Die Beleuchtung unter Wasser erfolgt mit einem wasserdichten Blitzgerät, das zur Kamera und dem Gehäuse passt. Wenn Sie nicht wissen, was Sie kaufen sollen, ist es vernünftig, sich bei einem der großen Tauchzentren auf Malta oder Gozo die Ausrüstung zu leihen und vielleicht auch einen Kurs mitzumachen, um die Besonderheiten und Probleme der verschiedenen Kamerasysteme kennenzulernen.

Egal, für welches System Sie sich entscheiden, den Amphibientyp wie die Nikonos RS-AF oder das Sea & Sea-System, oder für eine SLR-Kamera in einem wasserdichten Gehäuse, Sie müssen es stets mit größter Sorgfalt behandeln. Prüfen Sie vor jedem Tauchgang, ob alle Verbindungen sauber und alle O-Ringe schmutzfrei und leicht silikongefettet sind. Achten Sie auch auf Kerben und Schnitte in den Dichtungen. Stellen Sie sicher, dass Blitzgerät und Kameraverschluss richtig gekoppelt sind und Sie genügend Strom haben. Wer einen wiederaufladbaren Blitz hat, sollte prüfen, ob das Aufladegerät funktioniert und an die Stromversorgung auf den Inseln anzuschließen ist (240 Volt, rechteckige dreipolige Stecker wie in Großbritannien; bei Rasierersteckdose im Hotel auch 110 Volt möglich).

Der beste Film für UW-Aufnahmen ist normalerweise ein Diafilm mit 50 bis 100 ISO. Er bietet mehr Schärfe und bessere Farbabzüge. Für Sofortbildkameras ist ein Negativfilm mit 200 bis 400 ISO gebräuchlicher. Dieser lichtempfindlichere Film eignet sich auch sehr viel besser für die schlechten Lichtbedingungen in Höhlen und Grotten.

WEITWINKELFOTOGRAFIE

Fotografieren mit dem Weitwinkelobjektiv ist unter Wasser die bei weitem beliebteste Form. Ein Weitwinkelobjektiv ermöglicht Ihnen, perspektivische Aufnahmen etwa von tieferen Höhlen oder Grotten vor Dwejra Point, dem Azure Window oder dem Inland Sea zu machen, oder bei einem der Wracks im Gebiet von Valletta. Ein Taucher inmitten von regem Meeresleben vor tiefblauem Hintergrund gibt sehr schön die Stimmung dessen wieder, was Sie sehen. Weitwinkelaufnahmen stellen auch das Gros der in Zeitschriften veröffentlichen Bilder, und viele professionelle UW-Fotografen bevorzugen dieses Objektiv.

MAKROFOTOGRAFIE

Die Makrofotografie ist eine Form der UW-Fotografie, bei der das Objektiv ganz dicht an das Motiv rückt, um ein relativ großes Bild festzuhalten und das Motiv in hoher Vergrößerung zu erfassen. Ich empfehle Ihnen, bei

ANWENDUNG VON WEITWINKELOBJEKTIVEN

- Panoramen am Kliff und Steilwänden
- Schiffswracks außen
- Schiffswracks und Höhlen innen
- Taucher in Aktion
- Zwiesprache Taucher - Meerestier
- Große Fische
- Tageslicht und Silhouetten
- Blitz und Aufhellblitz mit Weitwinkel

VORTEILE DER MAKROFOTOGRAFIE

- Eine andere Perspektive
- Starke Vergrößerung
- Maximale Farbsättigung
- Hohe Bildschärfe
- Leicht erlernbar und umzusetzen
- Kann überall und unter fast allen Umständen praktiziert werden
- Bei Nachttauchgängen am einfachsten zu nutzen
- Größter Ertrag bei geringsten Investitionen

der UW-Fotografie mit einem Makrosystem zu beginnen, da dies zweifellos die einfachste Form der UW-Fotografie ist. Die Enttäuschungen, die viele andere Formen der Fotografie mit sich bringen, werden minimiert, und Sie werden sehr bald staunen über die scharfen und farbenprächtigen Fotos, die nur mit der Makrofotografie gelingen.

Die andere Perspektive, die die Makrofotografie bietet, eröffnet eine völlig neue Welt kleinster Tiere und Pflanzen, die bei durchschnittlichen Tauchbedingungen normalerweise nicht zu sehen ist. Ihre Augen gewöhnen sich rasch daran, Tiere zu entdecken, die klein genug sind, das Format zu füllen, und einst langweilige Tauchgänge über Geröll- oder Sandflächen oder unter Molen eröffnen plötzlich einen Reichtum an Leben ohnegleichen.

EIN LEITFADEN FÜR ANFÄNGER ZU ERFOLGREICHEN UW-FOTOS

Mit der Makrofotografie kann man scheinbar fast über Nacht zum Fachmann werden, doch die Beschäftigung mit UW-Bildern ist eine lebenslange Herausforderung. Nehmen Sie sich Zeit, um mehr über den Bildaufbau zu lernen, und Sie werden merken, wie Ihre Technik sich ständig verbessert.

Bevor Sie mit dem Fotografieren unter Wasser beginnen, empfiehlt sich der Besuch eines entsprechenden Kurses. Es gibt einige Facheinrichtungen für diese Art des Unterrichts, und Kurse werden das ganze Jahr über angeboten. Selbst die nicht fotografierenden Tauchpartner haben etwas von den Kursen, denn Gestaltung, Bildaufbau und Auftrieb sind ebenfalls wichtige Faktoren für das erfolgreiche Bild.

- Nehmen Sie sich jeweils immer nur eine Fototechnik oder Problematik vor, statt alles auf einmal zu versuchen.
- Halten Sie die technischen Einzelheiten jedes Fotos sofort fest (Blende, Verschlusszeit, Entfernung etc.), um festzustellen, welche Kombinationen die besten Ergebnisse liefern.
- Halten Sie den Blitz weit von der Kamera entfernt (außer bei Makroaufnahmen). Halten Sie ihn links oben von der Kamera, sodass das Licht einen Winkel von 45° zur Achse Kamera-Motiv bildet.
- Richten Sie den Blitz vorher über Wasser aus, sodass er die richtige Stellung zur Kamera hat. Wenn Sie die Stellung unter Wasser ändern müssen, richten Sie den Blitz ein Drittel hinter die offensichtliche Stellung, um die Wirkung der Lichtbrechung auszugleichen.
- Suchen Sie die Blende, die die für Sie stimmigsten Ergebnisse liefert. Wenn Sie das nächste Mal mit dieser Einstellung fotografieren, machen Sie eine zusätzliche Aufnahme mit jeweils einem Blendenwert darüber und darunter. Dieses sogenannte Bracketing berücksichtigt Motive von unterschiedlicher Helligkeit.
- Gehen Sie so dicht wie möglich an das Motiv heran. Nahaufnahmen haben die stärkste Wirkung und eine bessere Farbsättigung.
- Merken Sie sich die Stellung der Sonne, wenn Sie ins Wasser steigen. Nutzen Sie die Sonne für Gegenlichtaufnahmen, um den Bildern Tiefe und Spannung zu verleihen.
- Fotografieren Sie nie etwas unter sich; halten Sie die Kamera immer waagerecht oder nach oben.
- Stellen Sie die Schärfe im voraus ein und lassen Sie sich selbst und das Motiv langsam einander näher kommen.
- Machen Sie Aufnahmen nach Möglichkeit in klarem Wasser und bei hellem Sonnenlicht.
- Blitzen Sie nie, wenn die Entfernung Kamera-Motiv größer als ein Fünftel der Sicht unter Wasser ist. Wenn die Sicht 5 m beträgt, stellen Sie die Bildschärfe und den Blitz auf nur 1 m ein, was die Reflexion oder Rückstreuung von im Wasser schwebenden Teilchen minimiert.
- Stellen Sie die schnellste Blende ein, die die Blitzsynchronisation zulässt (es sei denn, Sie benutzen ein automatisches System mit Gehäuse).
- Seien Sie streng. Sie können nur durch Selbstkritik lernen. Verknipsen Sie also so viele Filme wie möglich, und lernen Sie aus den Fehlern.

FILM UND KAMERATIPS

- Wenn Sie vor Ort Filme kaufen, dann in einem Fachgeschäft oder großen Hotel, wo die Filme nicht allzulang lagern und das bei kühlen Bedingungen.
- Wenn Sie Ihre Filme im Kühlschrank aufbewahren, lassen Sie sie sich bei Zimmertemperatur mindestens zwei Stunden akklimatisieren, bevor Sie sie in die Kamera einlegen.
- Montieren Sie Unterwasser-Kameras nicht in kühlen, klimatisierten Räumen. Dann beschlagen sie nämlich wahrscheinlich innen, sobald sie ins Wasser kommen.
- Normalerweise beschlagen Kameras, die in klimatisierten Räumen gelegen haben, wenn man sie ins Warme holt. Man muss vor dem Fotografieren mindestens zehn Minuten warten, bis die beschlagenen Flächen wieder klar sind.

Filmen unter Wasser

Das Standfoto ist durchaus geeignet, jenen kurzen Augenblick im Leben eines Meeresbewohners festzuhalten. Aber wenn man die Möglichkeit hat, umgeben von unzähligen Silberfischen durch ein Loch in einer Wand zu schwimmen, dann muss Video her. Die Betrachter sind vom bewegten Bild gebannt, und nichts erzählt die Geschichte der schwebenden Wunder vom Riff besser. Einige Tauchshops auf den Maltesischen Inseln verleihen Videoausrüstung, und so kann man rasch selbst herausfinden, welchem der vielen angebotenen Systeme man den Vorzug gibt. Das Format ändert sich ständig, und es ist schwer, beim Filmen unter Wasser immer auf dem neuesten technologischen Entwicklungsstand zu sein.

AUSRÜSTUNG

Praktisch alle Videokameras auf dem Markt sind für den Urlauber an Land gedacht, und die ausgeklügelten, wasserdichten Gehäuse, die für die Kameras entwickelt wurden, erscheinen manchmal unsinnig. Die Gehäuse sind in Art und Größe unterschiedlich: Alle haben wasserdichte Steuerungselemente, um die Kamerafunktionen bedienen zu können, die Handhabung ist jedoch nicht bei allen Modellen gleich einfach, vor allem mit montierten Lampen. Es ist wichtig, ein System mit einem guten Gehäuse zu wählen, etwa von Sony, Panasonic und anderen bekannten Herstellern.

Qualitativ hat sich das Videobild in den letzten Jahren enorm verbessert, und die Kameras sind gleichzeitig kleiner und leichter geworden. Da die Systeme inzwischen so leicht sind, kann es bei Aufnahmen aus freier Hand zu Verwacklern kommen. Verwenden Sie bei Nahaufnahmen oder einer UW-Studie ein Stativ.

Auch die Beleuchtungssysteme haben in den letzten Jahren gewaltige Veränderungen erfahren. Viele der am Gehäuse angebrachten Lampen sind sehr leicht, und der unhandliche, schwere Batteriesatz kann an einer Halterung am Tauchgerät befestigt werden. Bei einigen Gehäusen befinden sich die Batterien in einem Gurt unter dem Gehäuse, was der Stabilität zugute kommt.

Ein grundlegender Vorteil des Videos gegenüber dem Foto ist der, dass es keinen Filmabfall gibt. Man kann das Band beliebig oft wiederverwenden. Das einzige größere Problem, auf das man beim Unterwasserfilmen stoßen wird, ist der wiederaufladbare Batteriesatz. Sie müssen vor jedem Tauchgang daran denken, die Batterien auszutauschen, und dafür sorgen, dass Sie genug Strom „an Bord" haben, um die märchenhaften Augenblicke einzufangen, die sich bei einem Tauchgang einstellen können.

SZENEN AUFNEHMEN

Planen Sie Filmszenen möglichst, bevor Sie ins Wasser gehen, und versuchen Sie, sich an diesen Plan zu halten.

> **TARIERUNG**
>
> Als Unterwasser-Fotograf ist mir jeder Augenblick schmerzlich bewusst, in dem ich ungewollt mit einem Korallenriff in Berührung komme. Jeder Taucher MUSS tarieren können. Abgesehen davon, dass man keine Korallen beschädigen darf, ist die Tarierung Voraussetzung für gute Unterwasser-Aufnahmen.
>
> Der Taucher muss grundsätzlich imstande sein, waagerecht wie senkrecht dicht vor dem Riff oder über dem Boden zu schweben, ohne mit ihm in Berührung zu kommen. Die Tarierung wird im wesentlichen durch Aufblasen der Tarierweste oder Ablassen von Luft in verschiedenen Tiefen reguliert. Sobald Sie das Tarieren beherrschen, werden Sie feststellen, dass Sie erheblich weniger Luft verbrauchen, beim Tauchen mehr von der Unterwasserwelt sehen und entsprechend mehr Spaß haben und natürlich die unbeabsichtigten Schäden an der Umwelt unter Wasser wesentlich verringern.

Natürlich besteht immer die Chance, dass etwas völlig Unerwartetes geschieht, und Sie sollten für alle Eventualitäten gerüstet sein. Tauchen Sie möglichst nicht mit unerfahrenen Tauchern oder Tauchschülern, denn sie sind mit Sicherheit im Weg. Bringen Sie Ihrem Partner bei, Ihnen zur Hand zu gehen.

Versuchen Sie nicht, die Szene, die Sie filmen, zu verlängern. Eine zu lange Szene ist langweilig und schwieriger zu bearbeiten. Halten Sie die Bewegungsrichtung der Taucher konstant und lassen Sie Taucher und Fische, wenn eben möglich, auf die Kamera zuschwimmen. Am besten ist es, wenn Ihr Tauchpartner/Modell zur anderen Seite des Riffs schwimmt und dann auf Sie zukommt. Dabei schwimmen die Fische vor dem Partner/Modell automatisch auf Sie zu, was die Aufnahmen belebt. Bauen Sie gelegentlich Zwischenschnitte ein – kleine Vignetten mit Taucherportraits, Verhaltensweisen von Fischen, Nahaufnahmen von Anemonententakeln und ähnlichem.

SCHNEIDEN

Es macht Spaß, den Videofilm zu schneiden, es kann aber auch enttäuschend sein, denn Sie dürfen bei der Auswahl der Ausschnitte keine Nachsicht üben. Die Schwierigkeit besteht nicht darin, was man drinlässt, sondern darin, was man herausschneidet. Die Zuschauer verlieren sehr schnell das Interesse, wenn der Film zu lang ist und den gleichen Gegenstand zeigt. Sehen Sie sich Tierfilme im Fernsehen an und versuchen Sie, ihnen nachzueifern: Das ist genausogut wie jede andere Methode, Schnitttechniken zu lernen. Ein großer Gewinn für ein Video ist die Ergänzung durch Ton und Kommentar – versuchen Sie auch hier nicht, zu technisch zu werden, und nehmen Sie vielleicht die Stimme eines anderen, um etwas Professionalismus in die Sache zu bringen.

Gesundheit und Sicherheit für Taucher

Die Informationen über Erste Hilfe und Sicherheit in diesem Teil des Buches sollen nur eine Anleitung sein, kein Ersatz für ein umfassendes Handbuch zum Thema – oder gar für eine Ausbildung in Erster Hilfe. Wir raten dringend, sich vor Antritt der Reise ein anerkanntes Handbuch über Sicherheit beim Tauchen und medizinische Fragen zu besorgen, es während der Reise zu lesen und auf der Tour bei sich zu haben, um es eventuell zu Rate zu ziehen. Es wäre auch vernünftig, einen Schnellkurs in Erster Hilfe zu machen.

Wir beschwören jeden, der Beratung in einem Notfall braucht, baldmöglichst einen Arzt aufzusuchen.

WAS IST IN EINEM NOTFALL ZU TUN?

- Taucher, die tauchbedingte Verletzungen oder Verletzungssymptome hatten, sollten sofort einen Arzt aufsuchen, vorzugsweise einen Spezialisten für Tauchmedizin, oder wenden Sie sich an die weltweite VDST-Taucherhotline.
- Wie gut Ihre Selbstdiagnose auch immer sein mag, denken Sie daran, dass Sie als Taucher wie als Arzt ein Laie sind.
- Wenn Sie das Opfer einer tauchbedingten Verletzung sind, offenbaren Sie Ihre Symptome, auch auf die Gefahr hin, sich lächerlich zu machen. Scheinbar schwache Symptome können sich zu lebensbedrohlichen Erkrankungen entwickeln. Es ist besser, ehrlich zu sich selbst zu sein und länger zu leben.
- Bei Erkrankungen lieber einmal zuviel irren als zuwenig. Wenn sich die Erkrankung dann doch als leicht erweist, sind Sie und der Arzt erleichtert.

ERSTE HILFE

Die Grundsätze der Ersten Hilfe sind:

- keinen Schaden zufügen
- Leben erhalten
- eine Verschlechterung verhindern
- Erholung fördern

Wenn Sie einen Kranken oder Verletzten behandeln müssen:

- Versuchen Sie zunächst, sich selbst und den Kranken oder Verletzten zu sichern und aus der bedrohlichen Umgebung zu holen – dem Wasser.
- Erst denken, dann handeln: Unternehmen Sie nichts, was Sie oder den Patienten weiter gefährden könnte.
- Nehmen Sie dann folgende einfache Maßnahmen zur Überprüfung und Behandlung des Patienten vor:
  1. Prüfen Sie, ob Sie es mit einem lebensbedrohlichen Zustand zu tun haben.
  2. Wenn ja, versuchen Sie, ihn zu bestimmen.
  3. Versuchen Sie dann, etwas dagegen zu tun.

Das ABC festlegen:

Lernen Sie den Basischeck – das ABC:
A) ATEMWEGE (mit Untersuchung des Halses)
B) ATMUNG
C) KREISLAUF
D) VERMINDERUNG des Bewusstseins
E) FREIMACHEN (der Patient muss ausreichend freigemacht werden, um angemessen untersucht werden zu können)

- **Atemwege (mit Untersuchung des Halses):** Ist der Hals verletzt? Sind Rachen und Nase frei von Verstopfung? Lautes Atmen ist ein Zeichen für Verstopfung der Atemwege.
- **Atmung:** Prüfen, ob die Brust sich hebt und senkt. Kurz an Nase und Mund horchen. Prüfen, ob man den Atem an der eigenen Wange spürt.
- **Kreislauf:** Den Puls neben der Luftröhre (Halsschlagader) fühlen.
- **Verminderung des Bewusstseins:** Reagiert der Patient auf eine der folgenden Arten:
  - Waches, bewusstes, spontanes Sprechen
  - Verbale Reize, antwortet er auf „Wach auf!"
  - Schmerzhafte Reize, reagiert er auf Kneifen
  - Keine Reaktion
- **Freimachen:** Die Würde des Patienten weitmöglichst wahren, aber nötigenfalls die Kleidung entfernen, um angemessen handeln zu können.

Dann Hilfe holen

Wenn Sie den Zustand des Patienten nach der Beurteilung für ernst halten, Hilfe holen (Arzt, Krankenwagen). Ist jemand weggeschickt worden, um Hilfe zu holen, muss er zurückkommen und bestätigen, dass Hilfe kommt.

Stabile Seitenlage

Ist der Patient bewusstlos, atmet aber normal, besteht die Gefahr, dass er erbricht und an Erbrochenem erstickt. Den Patienten daher unbedingt mit vor dem Körper ausgestreckten Armen auf die Seite drehen. Das ist die sogenannte stabile Seitenlage, die in jedem Erste-Hilfe-Handbuch dargestellt wird.
Wenn Sie eine Hals- oder Rückgratverletzung vermuten, den Patienten ausgestreckt fixieren, bevor Sie ihn in Seitenlage bringen.

Wenn der Patient bewusstlos ist, scheinbar nicht atmet und Sie keinen Puls fühlen können, versuchen Sie nicht, ihn in stabile Seitenlage zu bringen.

Wenn Sie keinen Puls fühlen können

Hat der Patient keinen Puls, müssen Sie Herz-Lungen-Wiederbelebung vornehmen. Sie soll

- die Lunge des Patienten ventilieren (Erneuerung der ausgeatmeten Luft)
- das Herz des Patienten massieren (externe Herzmassage).

Herz-Lungen-Wiederbelebung

Atemwege

Öffnen Sie den Atemweg, indem Sie behutsam am Kopf nach hinten ziehen und das Kinn mit zwei Fingern anheben. Das entfernt die Zunge vom Rachen und macht den Atemweg frei. Wenn Sie einen Fremdkörper im Atemweg vermuten, fahren Sie mit dem Finger von einer Seite zur anderen hinten über die Zunge. Falls Sie etwas finden, entfernen Sie es. Dies nicht bei bewusstlosen oder benommenen Patienten versuchen, da sie zubeißen oder erbrechen könnten.

Atmung

- Atmet der Patient nicht, müssen Sie Mund-zu-Mund-Beatmung oder die Erneuerung der ausgeatmeten Luft vornehmen, d. h. Sie bringen Luft in seine Lunge. Die 16 Prozent Sauerstoff in der von Ihnen ausgeatmeten Luft genügen, den Patienten am Leben zu erhalten.
- Halten Sie dem Patienten die Nase zu.
- Pressen Sie Ihren geöffneten Mund so dicht wie möglich auf den des Patienten.
- Atmen Sie so stark in den Mund des Patienten aus, dass seine Brust sich hebt und senkt.
- Hebt sich die Brust des Patienten nicht, müssen Sie die Lage der Atemwege anpassen.
- Prüfen Sie den Puls des Patienten. Wenn Sie keinen Puls fühlen können, folgen Sie den Anweisungen unter „Kreislauf" unten. Hat der Patient Puls, setzen Sie die Beatmung einmal alle fünf Sekunden fort und überprüfen Sie den Puls nach jeweils zehn Beatmungen.
- Beginnt der Patient, selbständig zu atmen, bringen Sie ihn in stabile Seitenlage (vgl. Seite 102).

Kreislauf

Wenn Sie nach der Erneuerung der ausgeatmeten Luft keinen Puls fühlen können, müssen Sie zur externen Herzmassage übergehen.

1. Knien Sie sich neben die Brust des Patienten.
2. Suchen Sie den Druckpunkt: 2 Finger oberhalb des Punktes, wo die Rippen am unteren Ende des Brustbeins zusammenlaufen.
3. Legen Sie den Handballen der linken Hand auf den Druckpunkt.
4. Legen Sie den Handballen der rechten Hand auf die linke Hand.
5. Strecken Sie die Ellbogen.
6. Bringen Sie Ihre Schultern senkrecht über den Druckpunkt des Patienten.
7. Drücken Sie das Brustbein 4–5 cm in Richtung Wirbelsäule, gleichmäßig rhythmisch: „eins, zwei, drei..."
8. Drücken Sie fünfzehn Mal.

Fahren Sie zyklisch mit zwei Beatmungen und 15 Kompressionen fort und überprüfen Sie nach jeweils fünf Zyklen den Puls. Die Herz-Lungen-Wiederbelebung soll den Patienten am Leben erhalten, bis ein Sanitäter oder Arzt mit der notwendigen Ausrüstung eintrifft.

Sorgen Sie dafür, dass Sie und Ihr Tauchkamerad die Herz-Lungen-Wiederbelebung beherrschen. Wenn nicht, lernen Sie es – es kann für den Patienten, Sie oder einen anderen über Leben und Tod entscheiden.

TAUCHERKRANKHEITEN

Akute Dekompressionskrankheit

Als akute Dekompressionskrankheit wird jede Erkrankung bezeichnet, die von der Dekompression herrührt, wenn also z. B. ein Taucher aus einer Tiefe mit hohem Umgebungsdruck an die Oberfläche mit niedrigem Druck

BEHELFSTEST FÜR LAIEN: CAISSONKRANKHEIT

Wenn Sie meinen, dass ein Taucher an Caissonkrankheit leidet, machen Sie folgenden Test. Sollte Ihnen das Ergebnis nicht normal vorkommen, leidet der Taucher eventuell an Caissonkrankheit, und Sie müssen sofort handeln, auch wenn Sie sich nicht ganz sicher sind - die Caissonkrankheit kann tödlich sein. Vgl. auch Seite 104.

1. Weiß der Taucher:
   wer er ist?
   wo er ist?
   wieviel Uhr es ist?
2. Kann der Taucher die Zahl der Finger erkennen und zählen, die Sie ihm hinhalten?
   Halten Sie dem Taucher die Hand 50 cm vor das Gesicht und fordern Sie ihn auf, ihr mit den Augen zu folgen, wenn Sie sie nach rechts und links, unten und oben bewegen. Achten Sie darauf, dass beide Augen der Bewegung folgen, und ob die Augäpfel sich unsicher oder ruckartig bewegen.
3. Bitten Sie den Taucher zu lächeln und prüfen Sie, ob beide Gesichtshälften den gleichen Ausdruck zeigen. Fahren Sie mit einem Fingerrücken über beide Seiten von Stirn, Wangen und Kinn des Tauchers, und vergewissern Sie sich, dass er es spürt.
4. Prüfen Sie, ob der Taucher Sie mit geschlossenen Augen flüstern hören kann.
5. Bitten Sie den Taucher, mit den Schultern zu zucken. Beide Seiten sollten sich gleich bewegen.
6. Bitten Sie den Taucher zu schlucken. Prüfen Sie, ob sich der Adamsapfel nach oben und unten bewegt.
7. Bitten Sie den Taucher, die Zunge aus der Mitte des Mundes zu strecken - Abweichungen zu einer Seite deuten auf ein Problem hin.
8. Prüfen Sie, ob auf beiden Körperseiten gleiche Muskelkraft vorhanden ist. Drücken/ziehen Sie dazu die Arme und Beine des Tauchers vom Körper weg/zum Körper hin, und bitten Sie ihn, Widerstand zu leisten.
9. Fahren Sie mit dem Finger leicht über die Schultern des Tauchers, den Rücken hinunter, über die Brust und den Unterleib, die Ober- und Unterseite von Armen und Beinen, und vergewissern Sie sich, ob er es immer spürt.
10. Prüfen Sie, ob der Taucher auf festem Boden (nicht auf einem Boot) geradeaus laufen und mit geschlossenen Augen, die Füße zusammen und die Arme ausgestreckt, aufrecht stehen kann.

kommt. Es gibt zwei Arten der akuten Dekompressionskrankheit:

- Caissonkrankheit
- Barotrauma mit arterieller Gasembolie

Für den Taucher oder Helfer ist der Unterschied bedeutungslos, da beide Befunde ernst und lebensbedrohend sind und sofortige Behandlung erfordern. Wichtig ist, die akute Dekompressionskrankheit zu erkennen und für sofortige Behandlung zu sorgen. Die Liste unten und die Box auf Seite 103 nennen die Anzeichen und Symptome, auf die zu achten ist.

Caissonkrankheit

Die Caissonkrankheit ereilt den Taucher bei unzureichender Dekompression. Der Aufenthalt in höherem Umgebungsdruck unter Wasser bewirkt, dass sich vermehrt Stickstoff im Körpergewebe löst. Wird dieser Druck bei richtiger Dekompression langsam abgebaut, entweicht der Stickstoff auf natürliche, langsame Weise ins Blut und wird über die Lunge ausgeatmet. Erfolgt der Druckabbau jedoch zu schnell, kann der Stickstoff nicht schnell genug entweichen, und es bilden sich Stickstoffbläschen im Gewebe. Die Symptome und Anzeichen der Krankheit werden mit dem Gewebe assoziiert, in dem sich die Bläschen bilden, und auch nach dem befallenen Gewebe benannt.

Zu den Symptomen und Anzeichen gehören:

- Übelkeit und Erbrechen
- Schwindel
- Unwohlsein
- Schwäche
- Gelenkschmerzen
- Lähmungen
- Erstarrung
- Hautjucken
- Inkontinenz

Barotrauma mit arterieller Gasembolie

Ein Barotrauma bezieht sich auf den Schaden, der entsteht, wenn das Gewebe, das lufthaltige Körperhöhlungen umgibt, nach einer Veränderung des Gasvolumens in dieser Höhlung verletzt wird. Eine arterielle Gasembolie bezieht sich auf ein Gasbläschen, das durch ein Blutgefäß wandert und meist zu einer Verstopfung dieses oder eines nachgeordneten Gefäßes führt.

Ein Barotrauma kann demnach jedes Gewebe treffen, das lufthaltige Körperhöhlungen umgibt. Häufiges Vorkommen und Art des Barotraumas sind:

- Ohren (Mittelohrbarotrauma) –> geplatztes Trommelfell
- Nebenhöhlen (Nebenhöhlenbarotrauma) –> Nebenhöhlenschmerzen, Nasenbluten
- Lunge (Lungenbarotrauma) –> gerissene Lunge
- Gesicht (drückende Tauchmaske) –> geschwollene und blutunterlaufene Augen
- Zähne (Zahnbarotrauma) –> Zahnschmerzen

Eine gerissene Lunge ist am schlimmsten, da sie zu einer arteriellen Gasembolie führen kann. Dazu kommt es nach einem schnellen Aufstieg, bei dem der Taucher nicht richtig ausatmet. Der steigende Druck der sich ausbreitenden Luft in der Lunge lässt die feinen Lungenbläschen platzen und zwingt Luft in die Blutgefäße, die Blut zurück zum Herzen und letztlich zum Gehirn befördern. Im Gehirn blockieren diese Luftbläschen Blutgefäße und verhindern die Versorgung des Gehirns mit Blut und Sauerstoff, was zu Hirnschädigungen führt.

Die Symptome und Anzeichen eines Lungen-Barotraumas und arterieller Gasembolie sind u. a.:

- Kurzatmigkeit
- Schmerzen in der Brust
- Bewusstlosigkeit

Behandlung der akuten Dekompressionskrankheit

- ABC und gegebenenfalls Herz-Lungen-Wiederbelebung (vgl. Seite 102–103)
- Den Patienten in stabile Seitenlage bringen (vgl. Seite 102), ohne Kopf oder Beine anzuheben
- Reinen Sauerstoff mit Maske (oder Bedarfsventil) verabreichen
- Den Patienten warm halten
- Schnellstmöglich ins nächste Krankenhaus bringen. Das Krankenhaus oder der Notdienst wird die erforderliche Rekompression vornehmen.

Kohlendioxid- oder Kohlenmonoxidvergiftung

Zu einer Kohlendioxidvergiftung kann es kommen durch: stoßweises Atmen (Taucher atmet beim Tauchen unregelmäßig), schwere körperliche Anstrengung mit Atemgerät oder ein nicht funktionierendes Rebreather-System. Zu einer Kohlenmonoxidvergiftung kommt es, wenn Abgase durch schlecht arbeitende Kompressoren in die Tauchflaschen gepumpt werden, und durch das Ansaugen von Luft in unmittelbarer Nähe von Abgasen.

Symptome und Anzeichen einer Kohlenmonoxidvergiftung:

- Blaufärbung der Haut
- Kurzatmigkeit
- Bewusstlosigkeit.

Behandlung der Kohlenmonoxidvergiftung:

- Den Patienten in Sicherheit bringen
- ABC und Herz-Lungen-Wiederbelebung (vgl. Seite 102–103), falls erforderlich
- reinen Sauerstoff mit Maske oder Bedarfsventil verabreichen
- den Patienten ins Krankenhaus bringen.

Kopfverletzungen

Jede Kopfverletzung sollte ernst genommen werden.

Behandlung bei einer Kopfverletzung:

- Der Taucher sollte auftauchen und erst wieder tauchen, nachdem er einen Arzt aufgesucht hat
- die Wunde desinfizieren
- ist der Taucher bewusstlos, den Notarzt holen

- bei Ausfall von Atmung und/oder Puls Herz-Lungen-Wiederbelebung (vgl. Seite 103) anwenden
- atmet der Taucher und hat Puls, nach Blutungen und anderen Verletzungen untersuchen und gegen Schock behandeln
- wenn die Wunden es zulassen, den Verletzten in stabile Seitenlage bringen und reinen Sauerstoff verabreichen (falls möglich)
- das Opfer warm und bequem halten und ständig Puls und Atmung überwachen.

Einem Bewusstlosen oder Benommenen **KEINE** Flüssigkeiten einflößen!

Überhitzung

Eine Erhöhung der Körpertemperatur resultiert aus einer Kombination von Überhitzung, meist infolge körperlicher Betätigung, und unzureicher Aufnahme von Flüssigkeit. Der Taucher erlebt Hitzeerschöpfung, dann einen Hitzschlag und kollabiert schließlich. Hitzschlag ist ein Notfall; wird der Taucher nicht gekühlt und rehydriert, stirbt er.

Behandlung bei Überhitzung:

- Den Taucher schnellstmöglich ins Kühle bringen und komplett entkleiden
- den Notdienst rufen
- den Körper des Tauchers mit einem feuchten Tuch abreiben und Kühlung zufächeln
- ist der Patient bewusstlos, ihn in stabile Seitenlage (vgl. Seite 102) bringen und Erste-Hilfe-Maßnahmen vornehmen
- ist der Patient bei Bewusstsein, kann man ihm ein kühles Getränk geben.

Unterkühlung

Die normale Körpertemperatur beträgt knapp 37 °C. Wird sie aus irgendeinem Grund deutlich unterschritten – beim Tauchen meistens durch unzureichenden Kälteschutz –, können sich zunehmend ernste Symptome zeigen, es kann sogar der Tod eintreten, wenn keine rasche Behandlung erfolgt. Ein Rückgang um 1 °C führt zu Frösteln und Unbehagen. Ein Rückgang um 2 °C lässt die körpereigenen Erwärmungsmechanismen aktiv werden: der Blutfluss zu den Händen und Füßen wird eingeschränkt, und das Frösteln wird extrem. Ein Rückgang um 3 °C führt zu Amnesie, Verwirrung, Orientierungslosigkeit, Herzrhythmus- und Atemstörungen und schließlich zum Tod.

Behandlung bei Unterkühlung:

- Den Taucher schnellstmöglich an einen sicheren und warmen Ort bringen, oder
- weiteren Wärmeverlust verhindern; einen Isoliersack benutzen, den Taucher mit den Körpern der Kameraden wärmen; Kopf und Hals des Opfers mit einer Wollmütze, Handtüchern oder ähnlichem bedecken
- befindet sich der Taucher an einem sicheren, warmen Ort, die nasse Kleidung gegen warme austauschen und den Patienten dann in einen Isoliersack oder ein warmes Tuch wickeln; im Freien belässt man dem Taucher am besten seine Kleidung
- ist der Taucher bei Bewusstsein und ansprechbar, eine warme Dusche/warmes Bad und ein warmes, süßes Getränk geben
- ist der Taucher bewusstlos, Erste Hilfe-Maßnahmen (vgl. Seite 102) anwenden, den Notarzt rufen, den Patienten möglichst warm halten und gegen Schock behandeln (vgl. Seite 106).

Beinaheertrinken

Beim Beinaheertrinken hat der Taucher Wasser in die Lunge bekommen. Er kann bei Bewusstsein oder bewusstlos sein. Wasser in der Lunge behindert den normalen Transport von Sauerstoff von der Lunge ins Blut.

Beinahe Ertrunkene erleben manchmal ein sekundäres Ertrinken, bei dem Flüssigkeit in die Lunge sickert, sodass der Taucher an den eigenen Absonderungen ertrinkt; deshalb müssen alle beinahe Ertrunkenen im Krankenhaus überwacht werden.

Behandlung bei Beinaheertrinken:

- den Taucher aus dem Wasser holen und ABC durchgehen (vgl. Seite 102); je nach Befund beatmen oder Herz-Lungen-Wiederbelebung (vgl. Seite 103) vornehmen
- wenn möglich, Sauerstoff verabreichen
- den Notarzt rufen und den Taucher zur Überwachung ins Krankenhaus bringen, auch wenn er sich scheinbar von dem Vorfall erholt hat.

Stickstoffnarkose (Tiefenrausch)

Die Luft, die wir einatmen, enthält ca. 80 % Stickstoff; das Einatmen des komprimierten normalen Luftgemischs der Taucher kann Symptome hervorrufen, die denen der Trunkenheit ähneln – die Stickstoffnarkose wird auch als „Tiefenrausch" bezeichnet. Einige Taucher erleben die

REISEMEDIZIN

Viele Ärzte lehnen es ab, Medikamente, vor allem Antibiotika, nur „für den Fall der Fälle" zu verschreiben. Aber ein Tauchurlaub kann durch eine simple Ohr- oder Nebenhöhleninfektion enden, wenn der nächste Arzt eine halbe Tagesreise entfernt ist.

Viele Tauchurlauber haben deshalb eine Hausapotheke bei sich, aufgrund derer man sie für Hypochonder halten könnte. Nasenspray, Ohrentropfen, Antihistamincreme, Mittel gegen Durchfall, Antibiotika, Mittel gegen Seekrankheit... So ausgestattet, können sie sofort einschreiten, wenn sie merken, dass etwas nicht stimmt. Zumindest kann das den Verlust wertvoller Tauchzeit minimieren.

Denken Sie immer daran, dass die meisten Abschwellungsmittel und Mittel gegen Seekrankheit benommen machen und daher NIEMALS vor dem Tauchen eingenommen werden dürfen.

Stickstoffnarkose in 30–40 m Tiefe. Bis in etwa 60 m Tiefe müssen die Symptome nicht ernst sein (können es aber); jenseits von etwa 80 m wird der Taucher jedoch wahrscheinlich bewusstlos. Die Symptome können plötzlich und unerwartet auftreten. Der Befund selbst ist nicht gefährlich, ein unter Stickstoffnarkose leidender Taucher kann jedoch unbedachte Handlungen begehen.

Behandlung bei Stickstoffnarkose: Es ist lediglich notwendig, sofort in flacheres Wasser aufzusteigen.

Schock

Mit Schock ist nicht das emotionale Trauma nach einem erschreckenden Ereignis gemeint, sondern ein physiologischer körperlicher Zustand, der auf Unterversorgung des Gewebes mit Blut und Sauerstoff beruht. Bei Sauerstoff- und Blutmangel kann das Gewebe seine Funktion nicht erfüllen. Es gibt viele Ursachen für einen Schock, die häufigste ist Blutverlust.

Behandlung bei Schock:

Die Behandlung zielt darauf ab, die Blut- und Sauerstoffversorgung des Gewebes wiederherzustellen:

- Erste Hilfe durchführen (vgl. ABC Seite 102)
- reinen Sauerstoff verabreichen
- alle äußeren Blutungen durch festen Druck auf die Wunde und/oder Druckstellen (die Lage der Druckstellen findet man in Erste Hilfe-Handbüchern) unter Kontrolle bringen; die verletzten Gliedmaßen oder andere Körperteile hochlegen
- Aderpresse nur im äußersten Fall und auch nur an Armen und Beinen anwenden
- den Taucher, wenn er bei Bewusstsein ist, auf den Rücken legen, die Beine hochgelagert, den Kopf zur Seite. Bewusstlose Schockopfer in stabile (linke) Seitenlage (vgl. Seite 102) bringen.

ALLGEMEINE, MEERESBEDINGTE BESCHWERDEN

Sonnenbrand, Schnittwunden durch Korallen, Ohrenentzündung (Bade-Otitis), Seekrankheit und Insektenstiche sind wohl die häufigsten Beschwerden für einen Taucher – aber es gibt noch ernsthaftere, tauchbedingte Krankheiten, die man kennen sollte.

Schnittwunden und Abschürfungen

Taucher sollten gegen Abschürfungen geeignete Schutzkleidung tragen. Hände, Knie, Ellenbogen und Füße sind am häufigsten betroffen. Abschürfungen infizieren sich, deshalb müssen alle Wunden schnellstmöglich mit Süßwasser gut gereinigt und ein Antiseptikum aufgetragen werden. Infektionen können ein Stadium erreichen, in dem Antibiotika erforderlich sind. Entzündet sich eine scheinbar kleine Verletzung und breiten sich entzündete Flächen aus, sollte sofort ein Arzt aufgesucht werden – Sie brauchen eventuell ein Antibiotikum, damit die Infektion nicht auf den Blutkreislauf übergreift.

ERSTE-HILFE-AUSRÜSTUNG

Der Erste-Hilfe-Set sollte wasserdicht, unterteilt und gut verschließbar sein und mindestens folgendes enthalten:

- einen umfassenden Erste-Hilfe-Führer - die Informationen im Anhang dieses Buches sind nur ein allgemeiner Hinweis
- die wichtigsten Telefonnummern der Notfalldienste
- Telefonmünzen
- Bleistift und Block
- Pinzette
- Schere
- 6 große keimfreie Standardverbände
- 1 großen Heftpflasterverband
- 2 dreieckige Bandagen
- 3 mittelgroße Sicherheitsnadeln
- 1 Päckchen keimfreie Watte
- 2x50 mm elastischen Verband
- Augentropfen
- Antiseptische Flüssigkeit/Creme
- Ein Fläschchen Essig
- Päckchen mit Elektrolyten
- Tabletten gegen Seekrankheit
- Abschwellungsmittel
- Schmerzmittel
- Anti-AIDS-Päckchen (Spritzen/Nadeln/Infusionsnadel)

Bade-Otitis (Ohrenentzündung)

Bade-Otitis ist eine Infektion des äußeren Gehörgangs, die auf ständig nasse Ohren zurückgeht. Die Infektion wird häufig von Pilzen und Bakterien gemeinsam hervorgerufen. Zur Vorbeugung nach dem Tauchen immer gut die Ohren trocknen. Wenn Sie wissen, dass Sie anfällig für Ohrenentzündungen sind, nehmen Sie nach dem Tauchen Alkoholtropfen. Bei einer akuten Infektion am besten einige Tage nicht tauchen oder schwimmen und Ohrentropfen nehmen, zum Beispiel:

- 5 % Essigsäure in Isopropylalkohol *oder*
- eine Lösung Aluminiumazetat/Essigsäure.

See- oder Reisekrankheiten

Reisekrankheiten können bei einem Tauchurlaub mit Bootfahrten eine lästige Komplikation darstellen. Wenn Sie anfällig für Reisekrankheiten sind, konsultieren Sie einen Arzt, bevor Sie die Reise antreten oder an Bord eines Bootes gehen. Aber denken Sie daran, dass viele Mittel gegen Seekrankheit Antihistaminika enthalten, die zu Schläfrigkeit führen und die Denkfähigkeit beim Tauchen beeinträchtigen können.

Insektenstiche

Einige Gegenden sind wegen ihrer stechenden Insekten berüchtigt. Nehmen Sie ein gutes Insektenmittel und eine Antihistaminsalbe gegen die Stiche mit.

Sonnenbrand
Beugen Sie ausgiebig dem Sonnenbrand vor, der Hautkrebs verursachen kann. Viele Urlauber bekommen gleich am ersten Tag Sonnenbrand und erleben danach sehr unangenehme Tage. Achten Sie besonders auf den Kopf, die Nase und die Hinterseite der Beine. Verwenden Sie immer Sonnencreme mit einem hohen Lichtschutzfaktor und tragen Sie Kleidung, die die Sonne abhält.

Tropenkrankheiten
Suchen Sie vor der Reise einen Arzt auf und sorgen Sie dafür, dass Sie die für Ihr Reiseziel notwendigen Impfungen haben.

Fische, die beißen
- **Barrakudas** Sie beißen Tauchen sehr selten, wenn, dann meist im trüben Flachwasser, wo der Fisch ein in der Sonne blinkendes Messer, ein Kameraobjektiv oder ein Schmuckstück mit seiner normalen Beute verwechselt hat.
  Behandlung: Die Wunde gut reinigen und antiseptische oder antibiotische Salbe auftragen. Schlimme Bisse müssen auch mit Antibiotika oder Mitteln gegen Tetanus behandelt werden.

- **Muränen** Wahrscheinlich werden Taucher am häufigsten von Muränen gebissen – meistens wenn sie die Hand in Löcher stecken, um Schalen oder Langusten zu sammeln, Anker zu entfernen oder Köder zu verstecken. Oft lassen Muränen, die sich festgebissen haben, nicht los; man muss sie dann durch einen Griff hinter den Kopf und festes Drücken mit Finger und Daumen dazu bringen, das Maul zu öffnen. Sie verschlimmern die Verletzung nur, wenn Sie den Fisch herausziehen.
  Behandlung: Gut reinigen und meistens nähen lassen. Die Bisswunden infizieren sich fast immer, achten Sie deshalb darauf, bei jedem Tauchgang Antibiotika und Mittel gegen Tetanus zur Hand zu haben.

- **Haie** Haie greifen Menschen selten an, sollten aber immer mit Vorsicht behandelt werden. Angriffe erfolgen meistens in Zusammenhang mit harpunierten Fischen, Fisch- oder Fleischködern, Langusten, die Geräusche machen, wenn sie gefangen werden, oder Vibrationen, wie sie z. B. von Hubschraubern verursacht werden. Fische, die sich schon zersetzen, sind für Haie offenbar viel attraktiver als frisches Blut. Die wesentliche Ausnahme ist der Große Weiße Hai, der Seelöwen oder Robben jagt und einen Taucher eventuell mit ihnen verwechselt. Sie werden jedoch höchstwahrscheinlich keinem Großen Weißen Hai begegnen. Andere Haie geben häufig eine Vorwarnung, indem sie den Taucher zuerst anrempeln. Bekommt er Angst, merkt der Hai das an den Körpervibrationen. Ziehen Sie sich ruhig zum Riff oder Boot zurück und verlassen Sie das Wasser.
  Behandlung: Die Opfer haben meistens schwere Verletzungen und einen Schock. Wenn möglich, die Blutung mit einem Druckverband stoppen. Der Verletzte muss mit Blut- oder Plasmatransfusionen stabilisiert werden, rufen Sie also einen Notarzt oder bringen Sie den Taucher ins Krankenhaus. Selbst kleinere Wunden entzünden sich wahrscheinlich und erfordern deshalb Antibiotika und Mittel gegen Tetanus.

- **Drückerfische** Große Drückerfische – vor allem Männchen, die ihr Gelege bewachen – sind besonders aggressiv und greifen Taucher an, die ihnen zu nahe kommen. Sie haben sehr kräftige Zähne, die auch einen 4 mm starken Tauchanzug durchbohren.
  Behandlung: Die Wunde reinigen und antiseptische Salbe auftragen.

Giftige Meerestiere
Viele giftige Meerestiere sind Bodenbewohner, die sich zwischen Korallen verstecken, auf oder im Sand liegen. Wenn Sie über den Meeresboden laufen müssen, schlurfen Sie mit den Füßen über den Sand, damit Sie die Tiere beiseite schieben und so die Gefahr verringern, auf Giftstacheln zu treten, die in vielen Fällen eine Gummiflosse durchbohren können. Gegengifte erfordern ärztliche Überwachung, wirken nicht bei allen Arten und müssen gekühlt gelagert werden, sind also selten zur Hand, wenn man sie braucht. Die meisten Gifte sind Proteine mit einem hohen Molekulargewicht und zerfallen bei Hitze.
Allgemeine Behandlung: Bringen Sie eine breite Bandage zwischen der Gliedmaße und dem Körper an und ziehen Sie sie fest zu. Lockern Sie sie alle 15 Minuten. Tauchen Sie die Gliedmaße zwei Stunden in 50 °C heißes Wasser (eventuell das Kühlwasser eines Außenbordmotors, wenn nichts anderes zur Hand ist), bis die Schmerzen nachlassen. Wenn vorhanden, lindern einige örtliche Betäubungsspritzen rund um die Wunde (z. B. Procain-Hydrochlorid) die Schmerzen. Jüngere oder schwächere Opfer brauchen eventuell eine Herz-Lungen-Wiederbelebung (vgl. Seite 103). Denken Sie daran: Gift kann noch wirksam sein, wenn der Fisch schon 48 Stunden tot ist.

- **Feuerwürmer** Diese kleinen Würmer mit ihren weißen Borstenbüscheln seitlich am Körper verfügen über Borsten, die bei Berührung leicht abbrechen und in die Haut dringen, wo sie schmerzhaft brennen und starke Reizungen hervorrufen.
  Behandlung: Befallenes Gebiet mit heißem Wasser und Essigsäure (Essig) behandeln.

- **Quallen** Die meisten Quallen nesseln schmerzhaft, aber nur wenige sind gefährlich. Bei günstigen jahreszeitlichen Bedingungen treffen Sie unter Umständen auf die Segelqualle (*Velella velella*), die sehr giftig sein kann. Längere Berührung mit den Nesselzellen kann eine Behandlung im Krankenhaus notwendig machen. Die

Ohrenqualle (*Aurelia aurita*) ist nicht gefährlich, doch die zarten Tentakel rund um den Schirm können empfindliche Hautbereiche wie Hals, Gesicht, Innenschenkel und -arme reizen. Nachts sind viele dieser nesselnden Quallen im Wasser beinahe unsichtbar, und es empfiehlt sich, zum Schutz einen Tauch- oder Lycraanzug zu tragen. *Behandlung:* Im Fall einer Verletzung wird empfohlen, Essigsäure (Essig) und Meerwasser über Tier und Wunden zu gießen. Tier mit einer Pinzette oder Handschuhen entfernen. Eventuell ist eine Herz-Lungen-Wiederbelebung (vgl. Seite 103) notwendig.

- **Skorpionsfische** Die Skorpionsfische im Mittelmeer gelten nicht als gefährlich, aber man sollte sich trotzdem vor den Stacheln oben an der Rückenflosse in acht nehmen.
  Behandlung: Bei versehentlich zugezogener Nesselung sollte der betroffene Bereich mit Meerwasser von Nesselkapseln befreit und in heißem Wasser gebadet werden. Infizierte Wunden müssen mit Antibiotika behandelt werden.

- **Seeigel** Die Stacheln einiger Seeigel sind giftig und alle können in die Haut dringen – auch durch Handschuhe hindurch – und abbrechen, was schmerzhafte Wunden hinterlässt, die sich oft infizieren.
  Behandlung: In schlimmen Fällen den betroffenen Körperteil in sehr heißem Wasser baden. Das weicht auch die Stacheln auf und hilft dem Körper, sie abzustoßen. Lindernde Salben oder ein Magnesiumsulfatumschlag verringern die Schmerzen. Infizierte Wunden müssen mit Antibiotika behandelt werden.

- **Hydrozoen** Hydrozoen sitzen oft unbemerkt an Wracks, alten Ankerseilen und Ketten, bis man sie anfasst, und die giftigen Nesselkapseln explodieren. Die Verletzungen sind nicht schlimm, aber sehr schmerzhaft, und bei empfindlicher Haut können sich große Blasen bilden, die sich einige Zeit halten.
  Behandlung: Die betroffene Stelle erst mit Meerwasser von Nesselkapseln reinigen, dann in denaturiertem Spiritus oder Essig (Essigsäure) baden. Eventuell ist eine örtliche Betäubung zur Schmerzlinderung erforderlich, doch genügt meistens eine Antihistaminsalbe.

- **Nesselplankton** Man kann Nesselplankton nicht sehen und ihm daher nicht ausweichen. Bei Berichten über Nesselplankton sollte man den Körper soweit wie möglich mit geeigneter Kleidung schützen.
  Behandlung: Die betroffene Stelle gut mit Meerwasser abspülen und in denaturiertem Spiritus oder Essig (Essigsäure) baden. Normalerweise reicht eine Antihistaminsalbe zur Linderung der Schmerzen.
- **Stechrochen** Stechrochen sind zwischen einigen Zentimetern und mehreren Metern groß. Der Stachel besteht aus einem oder mehreren Dornen an der Schwanzspitze; obwohl sie nach hinten gerichtet sind, können sie in alle Richtungen stechen. Die Rochen schlagen um sich und stechen, wenn man auf sie tritt oder wenn sie gefangen werden. Die Wunden können groß und stark ausgefranst sein.
  Behandlung: Die Wunde reinigen und alle Dornen entfernen, in sehr heißem Wasser baden und örtlich betäuben, wenn möglich; danach Antibiotika und Mittel gegen Tetanus geben.

- **Drachenfische** Diese kleinen Fische verbergen sich gern unter dem feinen Sand im Flachwasser. Oben auf der vorderen Rückenflosse haben sie einen scharfen Stachel, an dem sich schon viele Schwimmer und Schnorchler verletzt haben, die darauf getreten sind. Man sollte immer einen Fußschutz tragen, wenn man ins Wasser geht.
  Behandlung: In schlimmen Fällen die betroffene Stelle in sehr heißem Wasser baden. Das weicht auch die Stacheln auf und hilft dem Körper, sie abzustoßen. Lindernde Salben oder ein Magnesiumsulfatumschlag verringern die Schmerzen. Infizierte Wunden müssen mit Antibiotika behandelt werden.

- **Andere Tiere, die stechen**
  Gift kann auch bei Weichkorallen und den Nacktschnecken vorkommen, die sich von Hydrozoen ernähren. Wer empfindliche Haut hat, sollte sie nicht berühren.

Schnittwunden

Schnittwunden und Kratzer unter Wasser – insbesondere von Korallen, Muscheln oder scharfkantigem Metall – entzünden sich normalerweise, wenn sie nicht rasch gesäubert und behandelt werden; das Eindringen von Giftstoffen in den Körper kann zu größeren Problemen führen.

Säubern und desinfizieren Sie nach jedem Tauchgang alle Wunden, auch die kleinen. Größere Wunden heilen oft nur, wenn man mehrere Tage nicht taucht. Doktorfische haben scharfe Knochenfortsätze am Schwanzansatz, die sie gegen andere Fische einsetzen, gelegentlich auch gegen einen vorbeischwimmenden Taucher, wenn sie ihr Territorium verteidigen. Diese „Skalpelle" können mit giftigem Schleim behaftet sein; Wunden also säubern und mit antibiotischer Salbe behandeln.

Schnittwunden kann man am besten dadurch vermeiden, dass man sich an die goldene Regel hält: nichts anfassen! Lernen Sie den richtigen Umgang mit der Tarierweste, damit Sie gar nicht in die Verlegenheit kommen, etwas ungewollt berühren zu müssen.

Literaturhinweise

Bergbauer, Matthias; Kirschner, Manuela: *Tauchsportsonderbrevets Höhlentauchen,* Delius Klasing/Edition Naglschmid, Verlag Stephanie Naglschmid, Stuttgart 1995.

Brümmer, Franz; Andres-Brümmer, Dagmar: *Schnorcheln im Mittelmeer,* Delius Klasing/Edition Naglschmid, Verlag Stephanie Naglschmid, Stuttgart 1998.

Brümmer, Franz et. al.: *Tauchsportsonderbrevets Meeresbiologie,* Delius Klasing/Edition Naglschmid, Verlag Stephanie Naglschmid, Stuttgart 1995.

Das Handbuch des Tauchsports. Delius Klasing/Edition Naglschmid, Bielefeld 1996.

Köhler, Annemarie und Danja: *Handbuch der Unterwasserfotografie.* Delius Klasing/Edition Naglschmid, Bielefeld 1999.

Moosleitner, Horst; Patzner, Robert: *Unterwasserführer Mittelmeer Bd. 4, Niedere Tiere,* Delius Klasing/Edition Naglschmid, Verlag Stephanie Naglschmid, Stuttgart 1995.

Patzner, Robert; Moosleitner, Horst: *Unterwasserführer Mittelmeer Bd. 6, Fische,* Delius Klasing/Edition Naglschmid, Verlag Stephanie Naglschmid, Stuttgart 1995.

Patzner, Robert: *Meeresbiologie,* Verlag Stephanie Naglschmid, Stuttgart 1989.

Scheyer, Werner; Wedegärtner, Markus: *Tauchsportsonderbrevets Wracktauchen,* Delius Klasing/Edition Naglschmid, Verlag Stephanie Naglschmid, Stuttgart 1995.

Schmid, Peter: *Gefahr erkannt, Gefahr gebannt,* Verlag Stephanie Naglschmid, Stuttgart 1996.

Taylor, Lighton: *Haie und Rochen,* Delius Klasing/Edition Naglschmid, Bielefeld 1999.

Weinberg, Steven: *Erlebte Unterwasserwelt Mittelmeer,* Delius Klasing/Edition Naglschmid, Bielefeld 1996.

Weinberg, Steven: *Das Leben im Ozean,* Delius Klasing/Edition Naglschmid, Bielefeld 1995.

Index